DE LA CHUTE IMMINENTE

DE LA SCIENCE

DE LA

CONSTRUCTION DES BATIMENS.

2e PARTIE.

J.-M. EBERHART, Imprimeur du Collége Royal de France, rue du Foin Saint-Jacques, n. 12.

V
1510.
16. A.

9017

DE LA CHUTE IMMINENTE

DE LA SCIENCE

DE LA CONSTRUCTION DES BATIMENS

EN FRANCE;

DES CAUSES DIRECTES ET INDIRECTES

QUI L'ACCÉLÈRENT;

Par Charles-François VIEL, Architecte des Hôpitaux et Hospices civils, Membre du conseil des Travaux publics du département de la Seine, de la Société Philotechnique, de l'Académie royale de Turin.

DEUXIÈME PARTIE.

A PARIS,

Chez
{
L'Auteur, rue Saint-Jacques, n° 288, près le Val-de-Grâce ;
Tilliard frères, libraires de S. M. le Roi de Prusse, rue Haute-Feuille, n° 22 ;
Goeury, libraire, quai des Grands-Augustins ; n° 41.

NOVEMBRE 1819.

NOTE INTRODUCTIVE.

AUJOURD'HUI, que les regards se portent vers les asiles de la misère, d'une manière très-remarquable, je puis, en publiant la seconde et dernière partie du discours *de la Chute imminente de la Science de la Construction des Bâtimens*, annoncer l'ouvrage qui doit le suivre, et auquel celui-ci se rattache.

J'AI dû me livrer à des recherches spéciales à la construction des hôpitaux; j'y citerai plusieurs des grands établissemens en ce genre, déjà décrits dans le IVe volume de mon œuvre:

La Salpétrière, *Bicêtre*, *la Pitié*, *l'Hôtel-Dieu*, et dont j'ai parlé dans la première partie de ce discours, de l'espèce de certaines bâtisses nouvelles qui ont croulé. Ainsi, les hôpitaux les plus importans de Paris, reparaîtront dans l'ouvrage annoncé, mais envisagés sous les rapports généraux de leurs plans; les *dispositions, les divisions des masses,* etc. L'ouvrage dont il s'agit, sera accompagné de planches gravées; l'une, le plan général d'un HÔTEL-DIEU, inséré dans les Mémoires de l'Académie Royale des Sciences, année 1787; projet indiqué dans mes notices sur les hôpitaux de Paris, année 1812; l'autre, les plans, les élévations, coupes, et détails des constructions de la *nouvelle lingerie de la Salpétrière,* dont j'ai terminé les travaux en mai de cette année 1819 (1); le terrain sur lequel il est érigé, m'a opposé, lors de l'exécution de ses fondemens, des difficultés diverses, majeures, et tout-à-fait extraordinaires (2).

---

(1) Ces deux planches entièrement gravées; sont en mes mains.

(2) Je me propose d'ajouter une troisième planche qui contiendra le plan général de la salle de l'Hôtel-Dieu, que, dans ce moment, je remets sur pieds, et d'y réunir gravés les moyens particuliers de confortations que j'emploie. Les travaux, à cette époque, sont en pleine activité.

C'EST en méditant sans cesse, sur ce genre d'édifices, sous le double rapport de l'*ordonnance* et de la *construction ;* c'est en composant et exécutant avec une activité soutenue les travaux qu'exige le service public des vastes et nombreux bâtimens qui composent l'ensemble des hôpitaux de Paris, que le CONSEIL GÉNÉRAL m'a confiés, que je n'ai point à redouter l'apostrophe :

Solve senescentem.

MES moyens ne sont pas affoiblis par les progrès de l'âge ; ce seroit à tort que l'on me diroit : *non ibis amplius.* Car, d'après les édifices-hôpitaux importans, et les autres espèces de bâtimens que j'ai construits depuis 1780, jusqu'à ce jour, pendant quarante années ; sans me persuader toutefois que mes œuvres :

Vires acquirunt eundo ;

LA nature est là, en preuves, si les plans nombreux et divers que j'ai composés et exécutés sont en concordance avec mes écrits sur l'*ordonnance* et la *construction ;* si ils s'expliquent les uns par les autres ; conditions à remplir par l'artiste professeur ; enfin si je pratique mes préceptes. Ces édifices sont là, je le répète, pour légitimer si, de l'*invention*, si, de la *science en architecture*, je puis dire :

« Je les possédai jeune, et les possède encore
» Au déclin de mes ans. »

Amateurs des Beaux Arts, Architectes qui les cultivez, accueillez tous, les vérités que j'expose dans ce discours.

TABLE DES MATIÈRES

CONTENUES DANS CETTE DEUXIÈME PARTIE.

———◆———

DE LA CHUTE IMMINENTE

DE LA SCIENCE DE LA CONSTRUCTION,

DEUXIÈME PARTIE.

I. Du Pouvoir universel de Batir pour les Architectes.

Le texte placé à la tête de ce discours, porte :

En construction, les faits sont les vérificateurs de la science ; les résultats deviennent la démonstration la plus sûre de l'observation, ou des écarts commis contre les règles ou préceptes que cette science prescrit. Ces règles d'espèces différentes, sont toutes familières à l'architecte ingénieux et savant ; elles lui facilitent de coordonner avec succès, les parties du plan d'un édifice, pour obtenir comme il le doit, une noble *ordonnance ;* elles concourent à la solidité des constructions ; la première de ces règles à observer, applicables à la composition d'un morceau d'Architecture, consiste dans l'*unité du plan ;* les autres, dans la *disposition* heureuse des *masses,* dans leurs *proportions ;* dans les *distributions* variées et appropriées à la destination de l'édifice ; ces règles veulent encore, du *caractère* dans l'*ordonnance,* l'*ordre,* la *liaison* des parties, d'où naissent la *régularité* et l'*harmonie* des lignes qui font le charme d'un édifice quelconque, aussi est-ce par le concours de ces qualités diverses, qu'un écrivain sensible à leur puissance a dit :

« L'Architecture est une espèce de poésie, capable de faire les plus déli-
» cieuses sensations. »

2

TELLES sont les règles variées, spéciales que le génie, le jugement et le goût ont assignées à l'Architecture; l'observation en est obligatoire pour la perfection de toutes les productions comme dessins; ces mêmes règles s'unissent aux lois physiques, pour l'exécution : elles se fondent ensemble pour ériger un monument d'une belle *ordonnance* et d'une *construction* solide.

CAR, comme on le sait, toutes les compositions en Architecture, doivent être exécutables; ce sont les seules, même celles en projets, qui puissent fixer l'attention et satisfaire les architectes inspirés par le génie de l'art; éclairés par l'instruction qui lui est propre; la connaissance parfaite des préceptes rappelés précédemment.

ET, comme ce discours traite particulièrement de la science de bâtir en Architecture, si directement menacée *de sa chute;* je dirai que les *lois physiques,* particulières à la solidité, toutes établies sur la nature des corps, sur leur action respective, sont invariables; jamais on ne les enfreint impunément.

AINSI, tout *perfectionnement* nouveau en la science de construire les bâtimens, est impossible; et la confondre, comme on ose le faire de nos jours, avec les procédés mécaniques, avec les *arts industriels,* est une erreur grossière; il faut se soumettre aux vieilles lois qui constituent la *science* de bâtir.

DANS la première partie de ce discours, je dis l'origine du système de construction à la légère, prétendue *économique,* subversif de toutes les règles que l'étude de la nature, et de l'art apprend; système adopté il y a *quarante années,* dans les grands hopitaux de Paris : la *Pitié, Bicêtre, la Salpétrière;* et dont les résultats ont été la démolition entière des bâtimens de cette espèce extraordinaire, dans les deux premiers de ces établissemens; et à la Salpétrière, l'addition et les confortations faites à grands frais, aussitôt après l'érection des infirmeries, travaux nécessaires pour prévenir leur destruction totale; ce bâtiment subsiste encore. C'est ainsi, qu'en sacrifiant les principes de la solidité, l'on s'est précipité dans le plus grand écueil;

perte totale des dépenses occasionnées pour les deux premiers bâtimens ; et accroissement considérable à celles faites pour le troisième d'entre eux.

Je dois, dans cette seconde et dernière partie du discours de la *Chute imminente de la Science de la Construction*, ainsi que je l'ai annoncé, faire connaître la nature et l'espèce de constructions nouvelles dans lesquelles l'on a prétendu apporter une grande *économie*, avec la différence cependant, entre les édifices érigés en 1779 et 1780, dans nos hôpitaux, et les bâtisses dont il s'agit, que celles qui datent de *quarante ans*, étaient complettement *économiques*; tandis que celles du jour, sont d'une dépense très-élevée ; ces diverses constructions n'ont de commun entr'elles, pour celles qui subsistent encore, que d'être vicieuses, et contraires aux lois de la solidité.

Le système actuel et faux, de bâtir, est tellement frappant, que des gens de lettres, l'ont signalé par des observations dignes d'être citées ; elles légitiment le sujet entier de ce discours.

Tel d'entre eux s'explique en ces termes :

« Graces soient rendues à ceux qui dirigent les constructions publiques! » en s'occupant des travaux de l'État, ils n'oublient jamais leurs intérêts » particuliers (1)».

Tel autre, découvre et met à nud la plaie qui ronge et tue l'*ordonnance* et la *construction*, sans le concours desquelles cependant, point d'édifices beaux et solides; qualités sans lesquelles l'Architecture ne peut exister.

Ecoutons-le s'expliquer sur le régime nouveau en bâtimens, constitué en un *pouvoir suprême*, devenu l'une des causes la plus active *de la Chute de la Science de bâtir.*

_____

(1) Annales des Bâtimens , etc. Juin 1819.

« On n'avait pas encore, dit cet *ami* des beaux-arts, introduit dans
» l'ordre administratif, l'existence de ce pouvoir universel de bâtir, pour
» tous les architectes, pouvoir qui s'interpose entre l'auteur d'un ouvrage,
» et l'ouvrage même, qui s'immisce dans tous les détails de la pensée, et
» l'artiste, pour en discuter, non les raisons, mais les dépenses; qui mesure
» les conceptions du goût, à la toise, pèse chaque ornement dans la balance
» de l'économie, modifie et décompose toutes les compositions au gré d'un
» calcul mercantile, et condamne l'architecte à rester spectateur passif de
» l'exécution d'un ouvrage qui n'est plus le sien ni celui de personne » (1).

Et c'est à Paris, centre des lumières, des lettres, des sciences, des beaux-
arts, qu'une pareille *étrangeté* s'est établie !

Cette citation prise dans un ouvrage qui a eu la plus grande publicité,
fait connaître seule, l'étendue de l'action du *pouvoir universel de bâtir pour
tous les architectes*. En effet, il est l'âme de *tous les plans*, de l'*ordonnance* elle-
même ; de toutes les opérations qui précèdent l'exécution des édifices publics
de la capitale ; il est le *régent* absolu, unique, de tous les moyens en construction qu'il lui plaît d'employer pour l'exécution ; tout est manœuvré
sous ses yeux, par des *manipulateurs, ad hoc*.

Or, ce pouvoir destructeur de l'*art* et *de la science* en Architecture, pour
diriger efficacement par lui-même, au dehors, comme il le fait à l'intérieur,
les branches des travaux publics, sans exception de natures et d'espèces,
restaurations, constructions nouvelles, etc., etc. ; à cette fin, ce pouvoir a
conçu, et réalisé une *organisation* particulière, véritable machine qu'il convient de décrire.

---

(1) Notice historique sur la vie et les ouvrages de M. Chalgrin, page 15. Chez Didot, octobre, 1816.

Voir 1re partie de ce discours, page 55. La citation commençant par ces mots :

« Il est constant que les projets conçus « par un artiste, etc. »

L'article entier ; quoique d'une plume différente, les idées en sont analogues à celles répandues dans l'extrait ci-dessus.

CETTE machine se compose de plusieurs *rouages*, ou *leviers* de degré différens.

LES premiers leviers, sont les *Inspecteurs généraux*, les seconds leviers, les *inspecteurs ordinaires*, les leviers en troisième rang, sont les *conducteurs*, etc., etc.

Quant à l'architecte, il est condamné à rester spectateur passif de travaux qui ne sont plus les siens, etc., etc.

PAR là, le *pouvoir universel*, dans le cours des travaux, tient constamment la manivelle de sa machine, il la meut seul; tout marche selon ses desirs.

QUELQUE multipliés que soient les frottemens entre les pièces d'une pareille machine; quelque fâcheux qu'en soient les effets, en fausses mesures, en moyens absurdes, couteux; et au moins, en des retards nuisibles à la marche régulière des travaux; je me borne ici, à ne citer qu'un trait du choc causé par l'un des principaux *leviers*, dit *inspecteur général*; je le décris, *de visu, de auditu.*

J'ALLAI voir, en *dix-huit cent douze*, les travaux de l'un des édifices nouveaux de Paris, le plus important, et au succès duquel je prenais un intérêt particulier; l'architecte qui en était chargé, possède un talent réel, bien reconnu; je le trouvai sur le tas, c'est-à-dire, au plan de l'assise en construction, nous causions ensemble.

ALORS, le gardien du bâtiment arrive avec empressement; il annonce *l'Inspecteur général*; bientôt, le *Monsieur* paraît, et après les mots d'usage en politesse, il circule sur le plateau où l'architecte et moi étions rassemblés; nous, de suivre ses pas en silence : *M. l'inspecteur général* s'arrête, et en élevant la voix : Monsieur, dit-il à l'*architecte*,

Cette partie de voûte, et les murs qui la portent ne sont pas merveilleusement traités, je n'en suis point content.

L'ARCHITECTE prudent, ne dit mot. Pour moi, je ne pus me contenir, je dis : *Vous vous trompez, Monsieur;* au contraire, cette même partie de construction est bien entendue dans son exécution ; il n'y a aucun reproche sur cela, à faire au *Bâtisseur* ; l'architecte est trop bien à son affaire.

CES paroles suspendirent tout colloque, et là finit la visite de *M. l'inspecteur général* qui se retira sur le champ.

MAIS, lors de la visite *du grand Inspecteur* qui suivit la précédente, à ce même bâtiment, je n'y étais plus ; et le jugement bien fondé que j'avais prononcé devant lui, me valut de sa part, les mots les plus ridicules, les plus vains ; les assistans qui l'entouraient sur le tas, étaient silencieux ; néanmoins, l'un d'eux fatigué de ce petit tapage, se permit, avec beaucoup de réserve toute fois, d'observer que mon avis n'avait point été sans fondement ; qu'il en jugeait ainsi. Le *Monsieur* prit de l'humeur d'une telle audace, la manifesta, et partit pour aller exercer ailleurs ses hautes et majeures fonctions.

COMMENT expliquer, que des architectes artistes, car les *Inspecteurs généraux* sont censés l'être, qu'ils soient assez glacés pour l'art, de se charger, contre le véritable intérêt public en architecture, de concourir à rendre *un architecte, spectateur passif de travaux qui sont censés être les siens ?* Comment oser jouer un pareil rôle ? *Vanitas vanitatum !*

Comment concevoir encore, que ces *Inspecteurs généraux* ne réfléchissent point que les travaux qu'ils ont accepté de contrôler, ont en général, pour architectes, des artistes dont *le génie, la science*, et c'était l'espèce de celui du monument duquel je viens de parler, rendent ces architectes, bien supérieurs en talens, à la presque totalité d'entre eux, *Inspecteurs généraux.* Enfin, dans l'hypothèse la plus favorable à ces *Messieurs,* ils sont au niveau en mérite, avec les *architectes,* qui dans ce cas resteraient leurs *Pairs.* Je ne veux chagriner personne ; je m'interdis constamment de nommer aucun individu, mais je puis dire à l'appui de mes assertions sur les frottemens nuisibles de la régie actuelle des travaux d'Architecture à Paris, que l'un de ces grands contrôleurs des opérations des architectes, a vu démolir, cette année (1819), pour cause de *foiblesse,* l'un de ses bâtimens construit il y a *dix ans* environ. Faut-il, hélas! que l'Académie d'Architecture n'existe plus; avec elle, tous les rouages de cette hideuse machine déshonorante, incompatible avec le génie, la science dans les beaux arts; bientôt toutes ses pièces seraient démontées. Les inspecteurs *généraux, ordinaires,* les *conducteurs* etc. etc. disparoîtraient; et l'ÉTAT n'aurait plus à salarier à grands frais, pris en masse, des êtres *parasites,* nuisibles à l'Architecture qui repousse toutes ces nouvelles entraves qui l'oppressent.

En vérité, un esprit de vertige, on peut le dire, s'est emparé de nos jours, d'un trop grand nombre de têtes.

En effet, au milieu de tant d'obstacles élevés contre les travaux des bâtimens publics, on ose proclamer de prétendus avantages produits par le nouveau régime; l'on ose avancer que rien n'est à désirer en architecture, par l'AUTORITÉ: *des conseils permanens, des comités consultatifs d'architectes* sont établis; et, selon les circonstances, *des commissions spéciales* sont appelées.

CES mêmes approbateurs de l'ordre actuel à cet égard, devoient ajouter:

DANS bien des cas encore, des architectes, seulement de position il est vrai, sont nommés examinateurs d'opérations de bâtimens, sur lesquelles ils prononcent; j'en citerai un exemple ci-après.

Au milieu de tant de prétendues ressources, nous dirons avec un observateur:

» IL ne manque plus guere qu'une bonne administration, » remarque fort juste.

J'AJOUTERAI, quant à ces institutions nombreuses, diverses, toutes nouvelles ; à celles mêmes antérieures *au pouvoir universel de bâtir*, que : tout *conseil*, tout *comité* consultatif ; toute *commission* d'architectes, sont généralement très arbitrairement composés ; ils sont un assemblage de membres divers en degrés de *talens*, de *science* ; et, quant à ces individus dits *architectes*, nommés solitairement et d'office, ils jugent sans rien connoître du fond des questions que l'autorité leur adresse. Enfin, dans l'ordre qui a succédé au corps académique ; les *conseils*, les *comités*, les *commissions* sont influancés par le *fameux pouvoir*, tant ceux qui operent à raison de traitemens alloués aux membres de ces assemblées *parcellaires* ; que ceux dominés par toute espèce d'ambition.

Mais, tout en m'expliquant avec cette franchise, la vérité me commande de dire, qu'il est une de ces *institutions nouvelles*, qui n'entend point se soumettre à l'influence de ce même *pouvoir* (1).

Donc l'autorité ne peut obtenir, des *institutions* nouvelles, que des résultats incertains, nullement efficaces, sur les grands objets d'Architecture, dans les questions fréquentes qui tiennent à l'*art*, à la *science*, et desquelles dépendent la *beauté*, la *solidité*, d'un édifice à construire ; desquelles également, dépendent l'à-propos, la sûreté des moyens à employer dans les confortations, dans les restaurations ; conséquemment, dans l'état actuel du régime des bâtimens, *l'économie* pour les dépenses, ne peut exister.

Un Corps académique seul, pourrait porter des jugemens *sains*, *approfondis*, *utiles* ; par sa composition, il braverait les assauts de l'intrigue ; car une Académie d'Architecture devrait être composée en majorité, de membres supérieurs, en *talens*, en *science*, au nombre des sujets qui y seraient admis, sans autre titre que celui de la faveur dont l'action est presqu'iné-

---

(1) Un trait tout récent prouve la sage indépendance de l'institution que je désigne ; et tout à la fois l'empire absolu du pouvoir en *bâtiment*, dont il s'agit.

Je m'en tiens là ; et sur l'*institution*, elle-même, et sur l'*objet*.

vitable; action qui est totale aujourd'hui, pour l'entrée dans la classe des *privilégiés*, selon la nouvelle *institution* en ce genre (1).

Si donc, l'Académie était fondée, comme par le passé, sur des bases naturelles ; il en serait de même comme il en était à l'Académie détruite ; les reglemens exigeraient des aspirans, pour y être reçus, d'avoir bâti avec succès ; sous les deux rapports constitutifs de l'Architecture, *l'ordonnance*, et *la construction*, branches du même tronc, et nullement distinctes, c'est-à-dire, pour l'architecte, d'avoir composé, tracé, coté les plans, les élévations, les coupes, etc. etc., avoir été le conducteur direct de toutes les parties de ses constructions, et non pas, d'avoir fait bâtir sur de *simples figures*, avec le secours, et les procédés mécaniques du *bâtisseur* ; et d'avoir été étranger à l'exécution de ses desseins, comme il en est aujourd'hui.

Voilà les titres qui assureraient l'entrée dans une Académie d'Architecture ; voilà comment un tel corps saurait résoudre habilement les questions les plus sérieuses qui lui seraient adressées par le Gouvernement.

Et, au sujet important qui nous occupe, disons-le, jamais l'ancienne Académie n'eût souffert l'existence de ce *pouvoir universel de bâtir pour tous les architectes* ; cet arbre de mort pour l'Art, la science, et la vraie économie, perissait aux premières pousses, comme il est arrivé à son sem-

(1) Voir l'ouvrage : Notices historiques sur les anciennes académies royales de peinture, de sculpture de Paris, et celle d'architecture, par *Deseine*, statuaire. Paris, 1814.

Tous les avantages de ces corps académiques y sont exposés avec une force de raison et de jugement complette.

Voir, Précis historique de l'origine de l'académie royale de peinture, sculp-

ture, etc., et de son rétablissement par Louis XVIII, par M. *le marquis de Paroy*. Paris, 1816.

Un littérateur, ami des beaux arts, M. Boulard a émi un honorable vœu sur les *académies de Paris*, dans son ouvrage précieux, Histoire littéraire des XI et XIIᵉ siècles, pages 166, 167, etc. Paris, novembre 1818.

blable, celui de 1779, à cette époque, objet digne de remarque; l'académie qui n'est plus, étouffa les premiers germes du système trompeur de
bâtir dit *Economique*; des faits particuliers viendront à l'appui de cette
assertion (1).

Il est evident que le *pouvoir universel de bâtir pour tous les architectes*,
si bien défini pour un amateur éclairé en Architecture ; que ce pouvoir ne
se soutient que par l'absence d'une Académie, selon qu'en ont jugé les
derniers fauteurs de la nouvelle institution, qu'ils ont prétendu, pour la
maintenir, corroborer en mai 1815 (2); ces *coopérateurs* actifs ont mis en
œuvre, tous les moyens contre le rappel et la réunion des artistes architectes les plus capables ; réunion qui avait été commandée en janvier, même
année, par la SOUVERAINE ET LÉGITIME PUISSANCE, protectrice éclairée des
lettres et des beaux arts, et les moyens qui ont renversé les heureuses dispositions faites en faveur *de la peinture, de la sculpture et de l'architecture* ; ces moyens ont parfaitement réussi, dans les cent-jours, à leurs
auteurs, tout *de glace* pour les arts; tout *de feu* pour leur intérêt personnel.

Et cependant, il importe que les grandes *administrations* reconnaissent
que sans un corps en Architecture, qui serait organisé avec habileté, et de
l'espèce désignée plus haut, le *gouvernement*, qui ordonne de nombreux
travaux en édifices publics, soit de nouveaux à construire, soit de ceux

---

(1) Dans mes recherches nouvelles sur
les bâtimens des hôpitaux, les grandes
constructions que j'ai faites en ce genre,
dans ceux de la Capitale, dès 1780, deviendront une démonstration évidente
de ce que j'avance ici ; l'égide à laquelle
j'aurois eu recours, si les circonstances
l'eussent exigé contre l'influence des misérables systêmes d'alors, en bâtimens,
était l'*Academie d'Architecture*, conser-
vatrice des saines doctrines constamment
professées dans cette *institution* établie au
beau siécle des arts (1672). En vain les
fanatiques du jour, en *perfectionnement*,
repousseroient ces réflexions, les *faits*
les justifient. Un *fanatisme* quelconque,
blesse la raison et l'intérêt public bien-
entendus.

(2) L'addition de *deux* individus, faite
aux six premiers exclusifs; total, *huit!*

à restaurer, resterait toujours livré aux *zélateurs* en ce genre d'*affaires*, et à *ce pouvoir universel*, qui, aujourd'hui n'ont rien à redouter près des différens ministères qu'ils obsèdent activement ; en effet, il n'existe aujourd'hui aucun contrepoids, en réunions d'artistes distingués par leur science en construction, par leur expérience ; les architectes de cette classe, répétons-le, sont épars, disséminés ; leur dispersion laisse un libre cours à ce torrent nouveau de systêmes téméraires en Architecture, qui renversent et détruisent les vrais, les éternels principes de la *solidité* des bâtimens ; et qui accélèrent *la chute de la science de la construction* ; science, sans laquelle, dans les travaux, tout est éventuel, tout est désordre en réalité ; la vraie *science* est remplacée aujourd'hui par de nombreuses tables de chiffres, par des pièces de comptabilité ! etc., etc. (1).

Depuis le renouvellement des beaux arts en Europe, à aucune époque, l'Architecture n'avait été asservie en France ; et c'est au siècle de *la liberté*, que ceux qui la cultivent et l'exercent avec habileté, baissent le col sous le sceptre d'un *pouvoir universel* : que ceux qui s'y soumettent, et il n'en est que trop, y réfléchissent :

« Quand les artistes oublient leur dignité, c'en est fait de l'art. »

Aussi, l'Architecture soumise maintenant dans l'*ordonnance* et la *construction*, à ce *pouvoir suprême*, ne peut produire, comme il en est, dans l'une, que des *monstres ;* dans l'autre, que des *squelettes.* Cependant les édifices publics qui s'érigent, tous les travaux divers qui s'exécutent en bâtimens, absorbent des fonds considérables !

Mais les millions, dépensés ainsi par le Gouvernement, seront-ils constamment comptés pour rien, et cela, au siècle de l'*économie*, tant, si journellement recommandée, ordonnée pour les travaux des bâtimens ?

---

(1) Voir section IIe de la première partie de ce discours, pages 35, 36, 37, etc.

3.

Les détails qui vont suivre, donneront tout le poids nécessaire aux réflexions qui précèdent, ils fixeront les idées du lecteur ami des beaux arts,
de l'HOMME D'ÉTAT, libre et en garde contre l'empire des considérations
particulières, en garde contre les pièges de l'intrigue, si active et si
dangereuse.

J'ai exposé dans la première partie de ce discours, des faits positifs, certains; il en sera de même, dans cette seconde partie. Les faits avancés ne
seront en rien chargés (1). Je rendrai ainsi complet, l'exécution du plan de
cet ouvrage : *De la chute imminente de la science de la construction dont la
France est menacée.*

II. ÉDIFICE PUBLIC CONSTRUIT DANS LA CAPITALE, D'APRÈS LE SYSTÈME
DU POUVOIR UNIVERSEL DE BATIR, ET SOUS SON EMPIRE.

Je puis dire avec un homme de lettres vivant et des plus distingués :

« Quiconque défend ce qu'il peut croire un intérêt social, a droit
» d'exiger qu'on ne lui impute pas un motif personnel ambitieux. »

Un autre écrivain, dit :

« Les arts sont une espèce de religion. — Le devoir des fidèles est d'élever

---

(1) Voir note Ire, Annales des bâtimens,
etc. page 344, tome IIIe n° XXVII, fin
de janvier 1819, relative à la première
partie de ce discours, elle porte :
« Si nous avions un reproche à faire à
« cet auteur, ce serait de ne point avoir

« frappé avec assez de force, dans cet
« ouvrage, sur les nombreux abus qu'il
« met au jour «
L'auteur de cette remarque, est un
ami éclairé de l'Architecture.

» la voix, de combattre d'imprudens novateurs et de se liguer contre
» tout ce qui n'est pas légitime (1).

Puis, et selon l'épigraphe que j'ai adoptée, « combattre pour les intérêts
» du goût et de la science, c'est combattre

　　　　　« *Pro aris et focis.* »

Si mes discussions sont libres, elles sont généreuses; c'est pourquoi, je
suis dans la ferme espérance de faire passer ma conviction dans l'esprit de
mes lecteurs. Cet ouvrage, d'ailleurs, est une déclaration franche, solennelle
des principes que mes maîtres m'ont enseignés en Architecture, et que j'observe constamment dans toutes mes constructions.

Je poursuis donc le cours de mes observations sur les causes de la *chute
imminente de la science de la construction;* je bâtis journellement (2); je
puis m'exprimer sur un sujet que j'étudie et pratique sans cesse ; répétons-le :

　　　　Ejus est interpretare, cujus est condere.

---

(1) Essai sur les Beaux arts, pages xvii.
Paris, 1817 et 1818.

(2) J'ai terminé en mai, de cette année
1819, l'important édifice de la lingerie
générale du vaste hospice de la Salpêtrière. Ce rappel n'est pas inutile à faire.
Indépendamment, j'ouvre les tranchées de bâtisses d'une certaine importance, dont je rendrai compte également.
De plus, j'ai commencé en juillet dernier,
les travaux dangereux, aussi *difficiles*
que variés de la restauration du bâtiment
sud et *nord*, direction à *l'ouest* de l'Hôtel-
Dieu de Paris, dont les dimensions sont
de 280 *pieds* de longueur et 44 *pieds* de
largeur ; la hauteur sous l'égout du toit,
60 *pieds.* Je dis ces travaux difficiles,
parce que ce bâtiment | dont la surface
est de *douze mille trois cent vingt pieds*
superficiels, dans la hauteur du premier
étage, *douze pieds*, n'avoit aucun point
solide, de telle sorte, que les quatre
étages supérieurs étoient exposés à un
écrasement *épouvantable* et *prochain ;*
dont les nombreux habitans auroient été
ensevelis au milieu des ruines.

Le journal de mes opérations, les plans,
coupes et détails, le premier, imprimé,
les autres gravés, rendront sensible l'annonce sommaire que je fais dans cette
note.

Mais, pour réduire dans le cercle le plus resserré, les objets de la discussion; je ne décrirai, entre la foule d'édifices construtis depuis *peu d'années*, dans la capitale, selon les nouveaux systêmes, et sous l'empire du *pouvoir universel;* je ne décrirai, dis-je, qu'un seul de ces bâtimens neufs; les autres sont tous, en *ordonnance*, en *construction*, de la même *catégorie*. Une simple mention d'un édifice de l'espèce, sera faite dans cet article.

C'est ainsi que l'à-propos, la raison de la discussion, seront évidens à l'égard des nouveaux systêmes de bâtir, qui livrent à des erreurs graves contre la *solidité* et l'*économie*.

Je ne prétends nullement me constituer juge unique dans une affaire si sérieuse; mais je ne doute point que la description détaillée du monument dont il s'agit, mettra à portée tout architecte *savant*, *réfléchi*, *expérimenté*, et surtout attaché à son art, soit regnicole soit, étranger, car il est dans plusieurs contrées de l'Europe, des architectes d'un grand savoir et d'un vrai talent; ces artistes habiles seront, je l'espère, en mesure de prononcer si dans l'édifice évoqué ici, il existerait réellement infraction aux lois de la solidité, comme cela m'est démontré complètement. J'invoque donc sur l'examen qui va suivre, l'avis de mes *pairs*, soient *Français*, soient *Italiens*, etc., qui cultivent avec honneur l'Architecture, et attachés aux saines doctrines qui la dirigent : telles sont les classes distinguées qui me jugeront moi-même.

Or, pour donner à mon avis la base la plus sûre, je vais poser les principes généraux bien connus de la *construction* des bâtimens, religieusement observés aux beaux siècles de l'antiquité, en *Grèce* et en *Italie;* ensuite, mis en pratique par les grands architectes modernes de ces mêmes contrées célèbres; et parmi lesquels les *Français* brillent éminemment depuis la renaissance des lettres.

Jamais, insistons sur ce point, l'on n'enfreint impunément ces principes pour une prétendue *économie* à obtenir des nouveaux systèmes; car, indépendamment des accidens inévitables à attendre contre la durée de l'édifice ; il n'est point de construction plus *anti-économique ;* et, comme je l'ai observé précédemment, les lois communes aux beaux-arts, les lois physiques et spéciales à l'Architecture, repoussent toute altération qui serait faite aux unes et aux autres.

La certitude de l'assertion relative aux lois physiques en *construction,* est démontrée par la démolition faite, obligée des bâtimens, dans plusieurs de nos grands hôpitaux de Paris, décrite dans la première partie de ce discours ; bâtimens dans lesquels, l'absence de toutes proportions en ordonnance était complette, absence qui a concouru efficacement à leur ruine.

Les principes pour la solidité, que je vais rappeler, sont ceux que l'on enseignait aux siècles derniers, à l'Académie d'Architecture détruite ; principes qui en partie, chose remarquable, ont été précisés par *Montaigne, Montesquieu,* et autres grands écrivains, nullement mathématiciens ; ces hommes doués d'un génie vaste, familiers avec toutes les productions des anciens, étaient amis prononcés des beaux-arts qu'ils connaissoient ; principes qui dans leur ensemble, sont devenus règles constantes des architectes savans, que les XVᵉ, XVIᵉ et XVIIᵉ siècles ont vu pratiquer par eux ; ces principes sont les suivans :

1°. *Il faut plus de force au porteur, qu'en la charge.*

2°. *Toujours, à l'imitation de la nature, il faut proportionner l'obstacle à la puissance.*

3°. *Les corps mêmes qui sont dans un repos parfait, ont néanmoins une tendance au mouvement.*

4°. *Les épaisseurs des murs des édifices varient, elles sont déterminées par les longueurs, hauteurs, espacemens entr'eux ; leurs épaisseurs encore, sont établies par la fonction particulière qu'ils ont à remplir ; les épaisseurs*

*ne sont nullement arbitraires, ni dans leurs cubes, ni dans la nature et l'es-
pèce des matériaux qui les construisent.*

5°. *TOUTES les parties d'un édifice doivent avoir une dépendance absolue
entr'elles, du pied au sommet, et concourir aux mêmes fins : un équilibre
permanent, invariable, une résistance complette entre la tendance des masses
à se mouvoir.*

6°. *LE centre de gravité doit toujours être dans la même verticale, à
compter des fondemens des murs jusqu'à leur sommet* (1).

CES lois fondamentales dûes aux Grecs, sont inattaquables; il faut s'y
soumettre partout où l'on bâtit; elles sont hors des *mathématiques* transcendantes, et de toute espèce de *géométrie*.

LES plus célèbres édifices de l'antiquité, et des temps modernes, offrent
l'application de ces principes qui se lient parfaitement avec les règles décrites sur l'*ordonnance*, au premier paragraphe de cette seconde partie;
elles forment ensemble, un code complet d'architecture.

LES principes spéciaux de la solidité que je ne saurais trop souvent rappeler, prennent donc leur source dans la NATURE, ce qui les constitue *lois
physiques*; ils ne dérivent nullement des *sciences exactes* pour l'*ordonnance*,
la *construction*; il est constant que tout est garanti par ces lois, dans l'exécution des bâtimens concurremment avec celles communes aux beaux-arts;
tandis qu'avec les calculs algébriques, l'ordre de la nature est boulversé,
la solidité est impossible à obtenir. Le noble, le somptueux, le grand temple,
Sainte-Geneviève, à Paris, n'a que trop prouvé l'assertion que je rappelle
ici, sur la science de bâtir.

IL faut que les *novateurs* qui se bercent dans la pensée d'avoir découvert

---

(1) Voir le chapitre de la solidité des   chitecture. II° volume de mon traité,
Bâtimens puisée dans les ordres d'Ar-   mars, 1806.

des vérités nouvelles en Architecture, tout confians qu'ils sont dans leur jargon *scientifique* pour les faire accueillir, il faut que ces *illuminés* sachent :

« Que la nature raisonne par des faits; qu'elle renverse les vaines théories » des mathématiques appliquées à la construction des édifices ».

L'on sait que les principes spéciaux de la *science* de la *construction*, établis sur les lois de la nature, n'ont également rien de commun avec les procédés mécaniques qui seuls relèvent de la géométrie pour l'exécution des bâtimens ; d'où a résulté la distinction faite dans cet ouvrage, de l'*architecte-constructeur*, du *bâtisseur-mécanicien*.

Examinons maintenant, si les principes ci-dessus, de l'école détruite, tous de rigueur pour la *solidité*, sont remplis dans le bâtiment annoncé; en voici la description :

Le plan de cet édifice public récemment érigé à Paris, en activité de service, se compose d'un seul et même rectangle; les grands côtés extérieurs ont, chacun, *deux cent quatre-vingt-trois pieds*; les petits côtés, *deux cent vingt-huit*; ce plan est distribué par quatre galeries de *quarante pieds* de largeur du dedans d'œuvre, sans aucune division entre elles dans leur pourtour; les angles de ces galeries sont unis par de faibles saillies, et des pans coupés intermédiaires les plus minces ; au centre du plan, est une vaste cour.

Les façades construites en pierre de taille (dure et tendre) et sur les rues, et sur la cour, sont ouvertes par une suite d'arcades de plein cintre, toutes de *neuf pieds trois pouces* de largeur, et *seize* pieds *quatre* pouces de hauteur sous clef. Les piédroits intermédiaires qui les portent, ont *quatre* pieds de largeur, leur épaisseur est *vingt pouces* ; la hauteur de ces façades au-dessus du sol, y compris le simple bandeau qui les couronne, est *vingt pieds trois pouces*; une suite de créneaux aussi en pierre, de *trois* pieds de tige, porte immédiatement les combles; total de la hauteur du bâtiment sous l'égout du toit, *vingt-trois pieds trois pouces.*

4

Les façades n'ont aucun profil ; toute corniche en est exclue ; les anciens ne se sont jamais avisés de composer de la sorte ; les règles dictées par le goût , le jugement, et relatives à l'ordonnance , sont ici, totalement oubliées.

Les combles de l'édifice sont divisés dans leur coupe, en deux parties, ensemble, *douze pieds* de hauteur sur *quarante trois* de largeur hors d'œuvre, non compris la prolongation de leur égout, *trois* pieds au delà, de chaque côté, au dehors, et au dedans, sur la cour.

La première division de ces combles, consiste en des appentis continus.

La seconde partie est une lanterne qui correspond aux appentis, dont la hauteur particulière est de *deux pieds huit pouces;* sa largeur du dedans d'œuvre, *douze pieds,* plus l'excédent de l'égout des toits.

La gravure du plan , des coupes et des élévations de cet édifice, est dans les mains du public, il peut juger de la fidélité de la description que j'en fais ; il peut la comparer avec l'objet lui-même ; pour quiconque habite la Capitale.

Il convient de dire quelques mots sur la structure extraordinaire des combles de ce même bâtiment, elle consiste :

I. En des fermes d'un nombre égal aux pieds-droits des arcades des façades, distantes entre elles, de *onze pieds trois pouces,* chacune ayant trois rangs d'entraits sur la hauteur totale du comble.

Le premier rang, au plan supérieur des créneaux de l'édifice, a *quarante pieds* du dedans d'œuvre des murs d'enceinte ; il est composé sur la longueur, de *trois* morceaux de bois assemblés à *trait de marine,* qui à leur union, sont armés de doubles plate-bandes de fer, fixées par des boulons ; sur chacun de ces entraits, et à *six pieds* de distance de l'axe du comble qui est celui des galeries, ensemble, *douze pieds,* sur ces entraits, les lanternes prennent leur origine ; aucun point d'appui, comme on le sait, n'est intermédiaire aux murs de l'édifice sous les combles; et le poids énorme des lanternes, n'a pour soutien que les entraits dont la durée propre est éventuelle, cela est certain.

LES arbalétriers des fermes sont doublés, à leur origine, et leurs portées établies sur un chassis continu composé d'un cours de poutrelles, deux sur l'épaisseur des murs, une troisième doublant en hauteur, celle sur les façades; un petit corbeau de bois se projette en avant du parement des murs à l'intérieur, sous les portées susdites, les parties supérieures des arbalétriers sont simples, et saisies par les poinçons composés de deux morceaux en forme de *moises*, où leur têtes se pressent l'une contre l'autre ; des boulons sont les seuls nœuds qui les unissent, ainsi que toutes les pièces *verticales* des combles; ainsi, des moises et des boulons surtout, dépend le sort de cette grande partie de la construction du bâtiment (1) !

2°. DES planches de menuiserie, en chêne corroyé, blanchi sur le parement intérieur, et dressé à l'extérieur, sont la première couverture des appentis, et des lanternes à deux égouts; ces planches sont établies sur un premier rang de chevrons ; un second rang aussi de chevrons, mais de forme triangiaire, et au-dessus de ces mêmes planchers, ont pour dernière couverture, des tuiles creuses. Dans certaines parties de ces combles, on s'est borné à une simple languette festonnée, et en bois, posée en bordure à l'égout.

LA charpente de ces mêmes combles est composée d'une multitude de pièces de bois; chêne élité, et de première qualité, ayant *neuf*, *dix* et *onze* pouces carré, mises en œuvre, toutes pièces à vives arêtes ; faites telles non-seulement à l'outil, mais par des levées à la scie, sur les faces.

DES plate-bandes de fer, des *croisillons*, des boulons etc. etc. tès -multipliés , lient toutes les pièces diverses de bois.

_____

(1) Tout assemblage de charpente, qui tient sa force de boulons, est éventuel.

4.

Telles sont les dimensions, les constructions de l'édifice en question.

D'après la description qui précède, l'on sait que le pourtour des murs extérieurs de ce bâtiment, a *mille vingt deux pieds ;* et celui des murs intérieurs sur la cour, *huit cent cinquante.*

Que ces murs qui dessinent le corps entier du monument, et en regard les uns aux autres, sont distans entre eux , *de quarante pieds.*

Que leur hauteur, celle des façades sous le comble, est de *vingt trois pieds trois pouces.*

Les bayes dont ces murs sont ouverts, ont *neuf pieds trois pouces,* les pieds-droits, *quatre pieds,* d'où résulte le rapport du double, plus un *huitième,* de *vide,* avec les points porteurs intermédiaires, quoique ces mêmes murs construits en pierre de taille, dure, et tendré, n'aient que *vingt pouces* d'épaisseur ; et qu'ils ne soient unis par aucun lien commun ; qu'ils n'aient nulle dépendance entre eux ; et cependant, ils remplissent une fonction commune, de porter un poids énorme; ces murs d'ailleurs sont très-inégaux en longueur, les uns à l'égard des autres ; les développemens de ceux-ci, étant de *mille vingt et un pieds,* les développemens de ceux-là, *huit cent cinquante pieds.* Objets que la science en construction commande d'envisager.

Enfin, le comble qui couronne l'édifice, a *douze pieds* de hauteur totale, *quarante neuf pieds* de largeur entre ses deux égoûts ; et néanmoins, ce comble est couvert en tuiles creuses, de toutes les espèces, la moins favorable à l'écoulement des eaux, la plus pesante, la plus chère, la moins durable par sa nature, par suite, soumise à des réparations continuelles ; aussi les paveurs en recueillent-ils d'abondans tuilleaux pour être convertis en ciment.

La composition d'un tel plan, ses constructions, dont les dimensions sont si étendues, on le demande, satisfont-elles aux lois de la solidité? non certes.

Néanmoins, quelques trompettes de la renommée publient :

Que cet édifice ne laisse rien à desirer sous les rapports de l'art ;

Que la disposition et la construction n'ont rien à craindre de la critique ;

Que les combles sont légers ! et les protecteurs crédules, d'ajouter foi et confiance à des assertions aussi erronnées.

Un jour viendra, comme il en a été des bâtisses faites en 1779-1780 dans les grands hôpitaux de Paris, où il faudra, sinon, démolir, conforter au moins, ce bâtiment, et ses pareils. Indépendamment des décompositions inévitables plus ou moins prochaines, travaux d'une grande dépense, décompositions auxquelles toutes leurs lanternes sont soumises dans les assemblages de la charpente dont l'appareil compliqué est d'un prix énorme, qui traité avec cette recherche, et surtout, à une époque où la matière bois est devenue rare et chère.

La seule distinction à faire entre les bâtimens de *Bicêtre* et de la *Pitié*, démolis, et celui que je viens de décrire ainsi que de ses semblables ; ce qui les distingue, considérés dans leurs constructions ; est que ceux-là, ont été bâtis réellement, *à petits frais ;* tandis que celui-ci, tout léger qu'on le dit être, à coûté *beaucoup d'argent.* Cette remarque sera justifiée par la liquidation totale et future, aux yeux de quiconque connoîtra les chapitres différens et successifs, leurs divisions et sous-divisions des dépenses diverses et considérables que cet édifice grêle, et vicieux dans ses constructions, a absorbés. Enfin, celui qu'il faudra dépenser par de-là, lors des confortations futures qu'il exigera.

Je ne pense pas que les amis qui ont célébré l'édifice qui nous occupe, opposent rien de raisonné au jugement que j'en porte ; fondé, et sur les lois communes en composition, aux *beaux arts ;* et à celles particulières de la *construction ;* la *pesanteur,* la *gravitation,* la nature des corps, et dont j'ai rappelé précédemment l'essence des uns et des autres, si ces auteurs officieux dédaignant les *Principes*, poursuivaient le cours de leurs éloges selon l'esprit du jour, d'applaudir aux plus chétives productions dans tous les genres, au scandale des hommes les plus éclairés. Si un pareil débat s'élevait, j'opposerais à l'appui de mes observations, contre cette classe d'approbateurs, les extraits répandus dans l'ensemble de ce discours, puisés dans les ouvrages divers, de gens de lettres et d'amateurs instruits en architecture ; je dirais aux approbateurs : si parmi vous, il en est qui soient architectes soutenant que *l'ordonnance*, et *la construction* de l'édifice que je viens de décrire *n'ont rien à craindre de la critique* ; lorsque vous bâtirez un jour, d'après vos propres dessins ; vos plans dans leur exécution, se ressentiront de votre condescendance, vous n'obtiendrez aucune réputation ; et, si déjà elle était commencée, elle s'évanouira. Cet *horoscope* est certain.

Sι les *faiseurs* du bâtiment dont il s'agit, eussent été de savans *constructeurs* : pour motiver leurs fortes dépenses, qu'ils pouvaient élever sans doute à un haut terme, ainsi que cela est prouvé par le *fait*, ils auraient employé ces dépenses, tout autrement ; qu'ils me permettent de m'expliquer, mon but est de les détromper eux-mêmes ; je ne traite constamment, et ne vois à défendre que l'art de *composer*, et la science de *construire*, menacés de leur chute.

Au lieu donc, pour ces messieurs, d'avoir bâti les combles de leur édifice, aussi dispendieusement, en charpente de chêne de première *qualité et refaits*, dont le prix est énorme aujourd'hui, et qu'il est impossible d'avoir parfaitement sains (1), au lieu de l'emploi de ferrures multipliées ; au lieu d'avoir eu recours à une menuiserie dressée, corroyée ; enfin au lieu d'avoir fait usage de beaucoup de peinture ; tous travaux fort chers.

Les *faiseurs* auraient donné aux murs de l'édifice, plus d'épaisseur, et selon que la solidité l'exigeoit ; les faibles saillies en pierre, aux angles intérieurs des galeries, élégies en pan coupé, d'une forte dépense, par les déchets

---

(1) Je me suis expliqué sur les difficultés   grand égoût de Bicêtre, Paris, juillet
d'avoir des bois sains, dans mon ouvrage,   1817.

de la pierre, par les tailles développées; dépense avec laquelle l'on a de beaucoup affaibli ces parties principales de l'édifice, où il fallait le plus de force; car, dans l'espèce du plan, ces angles devaient être construits pleins; quant aux combles énormes en pesanteur, ils auraient été légers en *réalité* et non pas en *récits*, ils eussent été construits selon les procédés de *Philibert De L'ormes*, et construits tout entier en sapin; espèce de comble d'ailleurs très-convenable pour un tel bâtiment.

Voilà comment les dépenses quoique grandes, à raison des vastes dimensions du plan général exécuté, de fortes dépenses auraient été habilement et utilement faites. Ici l'*économie* de chiffres, n'a pas même été envisagée.

Le pronostic du besoin de conforter un jour ce même édifice, est aussi certain que ceux consignés dans mes différens écrits, notamment sur les piliers du dôme de *Sainte-Geneviève*, sur le *Pont de la Cité* (1) qui a fléchi peu d'années après son exécution; de telle sorte que la plus légère voiture ne put bientôt le traverser; les gens de pieds seuls en ont usé pendant quelques années. C'est pourquoi, *quinze ans* à peine écoulés depuis sa construction, il faut le reconstruire sur un nouveau plan; ses deux arches, depuis les premiers jours de septembre 1819, ont été démolies; la seule pile érigée au milieu du bras de la Seine dans cette partie, ainsi que les culées, sont conservées.

Je puis dire à ce sujet, et en thèse générale, avec un amateur de l'Architecture, qui, en novembre (1818) s'exprimait en ces termes :

---

(1) Voir sur le premier édifice, les différens mémoires, que j'ai publiés à compter du mois de mars 1797.

Voir sur le second, le chapitre de l'*Impuissance de mathématiques* pour assurer la solidité des bâtimens. tome IIᵉ de mon œuvre, page onzième, Paris, 1805.

A la fin de cette page, je m'explique ainsi :

Le premier de ces édifices est le Pont de la Cité à Paris, construit en 1803. Ce pont de trente pieds de largeur, consiste en une seule pile de pierre, etc.

« PLUT à Dieu que les plus nobles motifs eussent prévenu le désordre
» que nous voyons régner dans la plupart de nos monumens. »

CETTE réflexion n'est pas sans fondement, plusieurs édifices nouveaux
appellent des travaux importans pour leur conservation; et il en est qui
déjà s'exécutent. Tel, l'exemple précédent; tels ceux actuels de l'HOTEL-DIEU,
que j'exécute, etc. etc.

OBSERVATION. Avant de terminer l'article du bâtiment dont je viens de signaler le bisarre mélange du *léger* et du *lourd*, dans ses constructions, il
me reste à dire un mot, ainsi que je l'ai annoncé d'un autre bâtiment d'un
même usage, érigé aussi dans la capitale; semblable en tout, de figure, en
tout semblable dans ses diverses constructions, sauf quelques variétés que
voici :

LES angles extérieurs ou écoinçons de ce second bâtiment, sont d'une faiblesse qui l'emporte sur celle des mêmes angles de l'édifice décrit précédemment.

L'ON y remarque aussi, quelques différences dans les assemblages de la
charpente des combles. Ici, les poinçons sont simples, et non pas mixtes ou
composés de moises, comme le sont les combles du premier édifice, il en
résulte que les arbalétriers s'y assemblent à tenons et mortaises dans les
poinçons. *Perfectionnement! perfectionnement*, dira-t-on!

EH bien, nous ferons observer aux ordonnateurs de pareils travaux; et non
pas à l'architecte, *spectateur passif d'un ouvrage qui n'est pas le sien;* nous leur
dirons : vous n'avez point fait d'amélioration dans la *maçonnerie;* les écoinçons, qui dans toute élévation d'un bâtiment, sont les culées naturelles
contre la *puissance*, contre *la tendance des corps au mouvement;* ici, les
écoinçons par leur faible plan si choquant à l'œil exercé, ne peuvent opposer
la *résistance* nécessaire à la formidable puissance du corps entier de l'édifice,
et surtout, à la masse, à l'action formidable des combles.

IL en est de même pour la charpente, d'après la légère variante dans l'appareil des fermes ; les poinçons restent impuissans pour vaincre l'effort résultant des *dimensions* des combles, de leurs *coupes*, de leur *structure* générale, et de leur extrême surbaissement, et du poids extraordinaire des tuiles creuses également employées ici.

Voici les effets que les espèces d'assemblages modifiés présagent :

Dans le premier de ces bâtimens, les arbalétriers, à leurs extrémités supérieures, n'ayant pour union, que des boulons, nœuds si éventuels par eux-mêmes, ne peuvent long-temps résister.

Dans le second édifice, les poinçons affaiblis par le concours de deux mortaises, céderont d'autant plus promptement à l'action du poids des combles, en tout semblables dans leur coupe, au précédent bâtiment.

Nous reconnaîtrons seulement, et cela est justice, que dans ces deux édifices, la *maçonnerie*, la *charpente*, comme main d'œuvre, sont traitées avec soin. Les *bâtisseurs maçons* et *charpentiers*, ont rempli leur devoir ; ils ont exécuté des plans, des modèles mêmes, qu'on leur a prescrits. Les remarques diverses, faites ici, d'après les principes contre ces constructions, ne sont donc applicables qu'aux bâtimens, sous le double rapport de l'*art* et de la *science* en Architecture.

Un exemple de l'espèce du sujet de cet article, du danger des foibles murs, doit paraître en le terminant ; les circonstances survenues en *avril* dernier me commandent cette addition.

Il existe un édifice public à Paris, d'une classe distinguée, je ne le nomme pas ; il suffit que la note que j'en donne soit exacte ; je déclare avoir eu mission de reconnaître l'état effectif de ses constructions, de l'examiner eu égard aux réparations qu'il pourrait exiger pour sa conservation.

Ce bâtiment construit, il y a *trente-cinq ans*, sous l'influence des idées naissantes en *perfectionnement*; époque où les germes *d'amélioration prêten-*

5

due, en *économie,* commençaient à se développer ; ce bâtiment offre aujourd'hui les effets suivans :

Les quatre façades de cet établissement qui composent la cour principale dont le plan est carré, ont *quarante pieds* de hauteur sous l'égout des combles; elles contiennent trois étages compris le rez-de-chaussée; elles sont parfaitement régulières, symétriques, et couronnées par un entablement d'ordre dorique complet; ces façades sont construites en pierre de taille; les combles au-dessus, sont distribués en logemens.

Les élévations, savoir, à six pieds au-dessus du sol de la cour, ont éprouvé un tassement général dans leur plan, d'où ont résulté des éclats aux paremens; et, par suite de cette pression verticale, le plus grand nombre des baies circulaires au rez-de-chaussée, ont les arrêtes des tableaux brisées plus ou moins, au-dessous des impostes.

Ces effets de destruction annoncent que les masses sont en mouvement; ils proviennent des deux causes suivantes :

La première, la trop faible épaisseur relative des murs de ces mêmes façades, *vingt pouces.*

La seconde, de l'emploi fait de la pierre tendre, à six pieds au-dessus du sol, c'est-à-dire dans les *cinq septièmes* de la hauteur totale des constructions en maçonnerie.

Il fallait, en raison des dimensions horisontales, de celles verticales, et du poids total du bâtiment, donner *deux pieds* au moins d'épaisseur à ces mêmes murs; il fallait n'employer la pierre tendre, qu'à compter, *trois* pieds au-dessus du carreau du premier étage, laquelle n'aurait eu lieu que *des deux tiers* de l'élévation des façades, et non pas les *cinq septièmes.*

Sans doute, que la dépense particulière de ces seuls murs de face sur la cour, aurait été plus forte, d'un *huitième,* par exemple, que celle des murs actuels ; mais aussi, des effets redoutables ne s'y manifesteraient point ; et, pour l'avenir, l'on n'aurait pas à se livrer à un emploi *d'argent* assez important en restaurations, pour conserver un établissement vraiment utile (1).

MAINTENANT, en preuve additionnelle de l'ascendant, et de la propagation de l'esprit de système du jour, sur les travaux publics, décrivons des opérations majeures en bâtimens, faites avec la plus triste parcimonie ; avec la plus fâcheuse *célérité*, et à l'instant même, dans le cours *de cette campagne.*

III. ERREURS COMMISES EN CONSTRUCTION DANS LA RESTAURATION
D'UN ÉDIFICE DE PREMIÈRE CLASSE.

UN monument restauré à Paris, dont les travaux ont commencé dans le cours de l'automne 1818, considérable par sa masse, important dans son objet ; cet édifice composé à l'intérieur, sur trois des côtés, de murs dont les paremens sont à nu, dans leurs fondemens mêmes, et les élévations très-hautes ; dont deux de ces murs, parallèles, sont distans entre eux, de *cinquante pieds* environ, pris sur la largeur du plan, et dans une grande longueur.

CES mêmes murs, construits en matériaux calcaires, avaient éprouvé une première calcination ; et, lors de la restauration qui eut lieu par suite, il fallut en réduire l'épaisseur primitive, *de cinq pouces* (2).

---

(1) Ne voulant rien précipiter en travaux, et cependant ne rien hasarder, j'ai proposé pour cet édifice l'application d'un moyen simple, provisoire, peu dispendieux, et capable d'indiquer si le mouvement commencé se prolongerait.

(2) La calcination de ces murs est certaine, l'architecte de la première restauration, pour subvenir à l'affaiblissement de ces *cinq pouces* pris sur les paremens intérieurs, leur adapta des poteaux, mais nullement encastrés.

Ce dernier point est essentiel à remarquer.

5.

UNE nouvelle catastrophe calcina les mêmes murs intérieurs de cet édifice, dans laquelle l'action du feu a été grande contre toutes les constructions, par la quantité des matières combustibles qui existaient dans les fondemens, par de nombreuses distributions en charpente; des planchers de cloisonage, et encore par les constructions supérieures de même nature en bois, qui s'y étaient précipitées par l'effet de l'incendie. L'utilité reconnue de ce bâtiment, il fallut se livrer à une seconde restauration.

L'HISTOIRE des travaux de construction qui va suivre, sera une nouvelle preuve que le *mécanisme* industriel qui a joué un grand rôle dans cette affaire, n'est point *la science* en Architecture; distinction que j'ai établie dans la première partie de ce discours, qu'il importe de ne point perdre de vue.

J'OBSERVE que dans cette restauration, la nature, l'espèce des constructions, l'ordre extraordinaire adopté dans le cours de l'exécution, font seuls le sujet de cet examen. L'on procéda ainsi :

1°. LES murs intérieurs calcinés, furent avant tout, surélevés de *dix pieds,* dans leur pourtour ; on laissa subsister provisoirement, toutes les destructions survenues dans les fondemens et dans les surfaces supérieures (1).

2°. UN autre mur de l'édifice, mais à l'extérieur, côté du *midi,* d'une faible épaisseur, relative au rez de chaussée, qui d'ailleurs reste chargé à ce plan, de la poussée de voûtes continues sur ce même côté; ce mur a été exhaussé de *quinze pieds.*

3°. ENSUITE les murs parallèles et en ruine de l'intérieur, ont été sillonnés par des tranchées de *douze* en *douze pieds,* de *huit pouces* de pro-

---

(1) A l'époque du 10 mars dernier 1819,   de traces de l'incendie existaient encore. dans la partie côté de *l'ouest,* beaucoup

fondeur et *dix* de largeur ; tranchées dans lesquelles sont établis des poteaux de *dix à douze* pouces de gros, entés sur leur hauteur, terminés
à leurs têtes, par un encorbellement en forme de talon, pris dans la masse
du bois; ces poteaux sont fixés aux murs par plusieurs embrasures à scelle-
mens, et en fer plat.

LE centre de gravité dans *les surélévations* diverses des murs de l'édifice,
n'est entré en aucune considération ; elles ont été faites par des retraites
sur un seul des côtés de ces murs, celui de l'intérieur.

4°. ENFIN, les autres travaux successifs de maçonnerie ont consisté
en incrustations de *carreaux*, de *boutisses* de pierre; en des moellons sur
les surfaces intérieures ruinées des mêmes murs, côtés, *sud*, *levant* et
couchant.

TOUTES les constructions nouvelles ont été faites de pierres calcaires.

DANS cette restauration encore à l'intérieur du bâtiment, sur les grands
côtés du plan, à une distance moyenne du mur du fond, au *midi*, l'on a
construit un nouveau mur de refend, parallèle à ce dernier, ouvert dans son
milieu de *trente pieds;* les têtes seulement en pierre, sont liées à une grande
hauteur au-dessus du sol de l'extérieur, le pavé de la chaussée, par un arc de
cercle dont la flèche a peu de hauteur, et au-dessus duquel un autre arc,
mais ogif, est rempli par des poteries creuses hourdées et ravalées; ce mur
de refend plus élevé que les combles de l'édifice, est terminé par des redents
en cours d'assises de pierre ; les extrémités intérieures de ce mur de refend
n'ont, pour liaison avec les murs d'enceinte, que de simples moellons qui
les construisent.

SUR les paremens de l'arc de cercle, à quelques pouces de la douëlle de
la clef, est encastrée une double chaîne de fer plat; retenue par une seule
ancre horisontale, placée au-delà des têtes en pierre dudit mur, à leur
jonction avec les parties en moellon.

CETTE double chaîne a été adaptée sans doute, contre l'écartement, mais, dans le cas de la nécessité de son application, la seule ancre qu'elle saisit, aurait à soutenir toute l'action que l'arc de cercle exercerait contre les deux têtes de mur qui le porte, qui elles-mêmes n'ont pour culées qu'une construction en moellons de peu de longueur. Dans cette hypothèse, l'ancre serait incapable de soutenir l'effort, il ploiera si le *fer est doux*, il cassera s'il est *aigre* ou mal forgé, et ici la *poussée* est considérable à raison de l'espèce de l'arc d'une faible flèche, et de la longueur de sa corde. Voilà ce qui n'est point hypothétique.

Donc cette double chaîne n'est d'aucune garantie, elle ne peut satisfaire à la fin proposée, l'immobilité de cette même et nouvelle construction.

Il n'y a point lieu à discuter ici, sur l'à-propos de l'addition de ce mur ; il est, sous ce rapport, hors de la dissertation ; ni sur la surélévation générale donnée à tous les murs principaux extérieurs et intérieurs de l'édifice. Le genre, l'espèce de la restauration, nous l'avons dit, appartiennent seuls à mon discours.

Jamais, que l'on se pénètre bien de ce principe ; jamais le fer ne s'emploira avec succès dans les grands édifices, uni à la pierre comme agent principal de la solidité ; il n'est admissible que dans les restaurations contre les écartemens, et ce, dans les cas où la nature des constructions en indique l'application. Le fer convient essentiellement à la confortation de la charpente (1). Il n'y avait nullement lieu à mettre en œuvre le fer pour conforter le *mur neuf* dont il s'agit, sur lequel repose un arc de cercle dont la corde a *trente pieds*. Il fallait lui assigner des forces *directes positives*, une épais-

---

(1) Voir le chapitre *de l'emploi du fer*, etc. tome II. de mon œuvre, publié en 1803.

J'en donnerai une nouvelle édition, la première étant épuisée.

Je ne me suis écarté en rien des principes, dans la restauration du grand bâ-timent de l'HOTEL-DIEU, où j'ai dû faire jouer un rôle principal au fer.

Le journal imprimé, que je publierai, les dessins gravés de mes plans et coupes, qui l'accompagneront, prouveront l'observation que j'ai faite des principes, dans *l'emploi du fer*.

seur proportionnée qu'il n'a pas; des liaisons complettes avec les murs d'enceinte, et le tout en pierre d'appareil.

ET, comment un tel mur pourrait-il se suffire à lui-même? il est d'une très-grande hauteur; il est divisé en deux parties, et ouvert dans son milieu, par une large baie.

CE mur a une tendance naturelle au *mouvement*, fût-il *dans un repos parfait*, propriété des corps en général; et surtout par la *puissance* qu'il exerce sur lui-même, par l'espèce du plan, ses divisions; à raison encore des matériaux différens qui le construisent; la pierre de taille, le moellon; mélange qui le prive de la résistance dont il aurait besoin.

LA science de la construction commandait de procéder dans ces travaux, bien autrement; l'ordre à suivre d'après elle était avant tout:

DE méditer longuement le sujet très-difficile à traiter, par l'état général de destruction où ce bâtiment était réduit; par suite, de déterminer si les murs de l'intérieur, parties principales, devaient être conservés; ou, s'il n'y avait pas lieu, à leur reconstruction totale. Dans le premier cas, à raison des surélévations admises, qui accroissaient encore les premières difficultés; dans ce cas, dis-je, il fallait faire des confortations à compter du pied des fondemens jusqu'à la tête de l'édifice; et toutes en liaison complète avec les parties conservées.

AINSI, pour ce premier parti, celui d'une restauration, eu égard à l'altération progressive survenue aux murs depuis leur origine, causée par deux incendies différens; elles auraient été faites en éperons à l'intérieur avec *trois* paremens vus, dont la saillie, le front et l'espacement eussent été déterminés par la distribution des points porteurs selon le plan, ils eussent tous été construits en pierre d'appareil, et en *grais* qui n'est point *calcaire*.

ENSUITE, pour les refections des parties intermédiaires l'on eût employé la pierre de *meulière* et la *brique*.

Le mur qui est en arrière-corps au chevet de l'édifice, partie ajoutée aux temps de sa première restauration ; ce mur devait absolument être conforté, même n'eût il point été surélevé ; ainsi le demandaient les *fissures* longitudinales et continues à la clef de la voûte au rez-de-chaussée ; ainsi le commandaient les *ruptures* diverses qu'ont éprouvées plusieurs des clefs ; confortation que la surélévation qu'on lui a donnée exigeait d'autant plus impérieusement pour la durée, tous effets qui n'existent point dans les galeries à l'est et à l'ouest, qui enceignent l'édifice.

Il serait impossible de considérer cette surélévation comme un accroissement à la *résistance* contre la *poussée* des voûtes. Les proportions voulues dans l'épaisseur des murs, en raison de leur hauteur ; le centre de gravité qui, dans le même mur, diffère, au rez-de-chaussée, de celui en élévation ; toutes ces causes rejeteraient un pareil motif. Ce mur ne se soutient que par la résistance des fers employés lors de sa construction.

Je ne dirai qu'un mot du second cas, où l'on eut décidé la reconstruction totale des mêmes murs ; on les eût faits, partie en pierre d'appareil, en leur donnant une plus forte épaisseur que celle réduite par les deux incendies, ou en leur adaptant des éperons proportionnés ; le tout en *grais, meulière* et *brique*, seules natures de matériaux qui doivent être mis en œuvre à l'intérieur de ce monument.

Que l'on n'invoque point, dans cette affaire de construction d'Architecture en première ligne, les raisons *d'économie* déjà trop manifestée dans le nouveau mur de refend, construit en moindre partie de pierre d'appareil, le reste en moellons, et d'une épaisseur si mince, si peu proportionnée aux dimensions générales et particulières de ce même mur décrit précédemment.

L'économie de cette espèce, est une *mesure fausse*. Il est constant qu'avec l'addition d'une somme faible proportionnellement à celle totale exigée à dépenser, l'on eût satisfait aux lois de la *solidité*.

Si, disons-le, dans les décorations intérieures du même bâtiment, l'on eût été plus sobre de *magnificence*, il n'y aurait pas eu addition en dépenses dans le matériel *de la construction*.

D'AILLEURS, les architectes savans ne peuvent applaudir à la célérité avec laquelle cette grande restauration a été exécutée; envain on lit dans des feuilles du mois de mars 1819, que :

« LES travaux commencés l'automne dernier, seront terminés ce printemps. » Les treize mois employés à ce grand œuvre, considéré sous le seul rapport de ses grosses constructions, ce temps a été trop court.

UNE pareille célérité est de la précipitation, mesure trop à la mode, et dangereuse en travaux de bâtimens; elle ne peut que nuire à l'union nécessaire de toutes les parties de l'édifice, et favoriser les tassemens des matériaux qui les constituent.

L'IMPORTANCE de la restauration du monument dont il s'agit, motive assez la mention que j'en fais ici. Elle concourt à démontrer d'autant plus, que la *science de la construction est menacée de sa chute*, livrée qu'elle est aux *bâtisseurs*. On les invitera, à se borner pour l'exécution, à donner les soins exacts à la manipulation : dans *la coupe des pierres, la pose*, etc. etc. voilà leur fonction, ils mériteront l'estime publique, en la remplissant bien, elle leur sera due.

L'ON pourrait appliquer aux édifices décrits, désignés précédemment, la réflexion suivante, faite sur une nouvelle pièce de théâtre, *le château de mon oncle*.

» LA solidité n'en est pas le principal mérite, il n'a pas coûté de grands » efforts d'invention aux architectes. »

MAINTENANT il me reste à traiter de quelques autres sujets qui appartiennent également à ce discours ; et entre eux, de même que dans la première partie, j'ai fait la distinction du *constructeur*, du *bâtisseur* (1); dans celle-ci, j'établirai la distinction *de l'architecte, de l'expert*; puis, succéderont des réflexions sur les *devis estimatifs* des travaux de bâtimens, et sur *la vérification* des mémoires, leurs *règlemens*; toutes causes indirectes qui, par leur organisation actuelle, agissent diversement contre la solidité des constructions de nos jours; et conséquemment, coopèrent à l'altération de la *science*.

Mais avant d'exposer ces divers objets qui tiennent à l'Administration publique, je dirai la marche qu'a tenue l'architecture après que les ténèbres de l'ignorance furent dissipées en France; j'en offrirai les monumens comme modèles en *ordonnance*, et spécialement en *construction*. Je dirai les travaux en restauration, qui sont à faire dans certains édifices publics. Les divers récits que je m'impose de faire acquièrent un intérêt direct pour l'art, à l'époque présente où il est, par tant de causes, menacé *de sa chute*.

Je n'ignore point que l'on proclame de prétendus succès merveilleux survenus en Architecture au siècle naissant; que, certains *louangeurs* intéressés, égoïstes, actifs, bien maladroits, disent :

Les traces de la barbarie s'effacent journellement en Architecture, etc. etc.

Et l'on ose s'expliquer ainsi, au temps où les édifices publics qui s'érigent au sein de Paris, sont d'une monotonie fatigante dans *les formes*, qui frappe les yeux les moins exercés; édifices qui sont d'une légéreté dans les masses, aussi pauvre, que contraire à la *solidité*.

Malheureusement, au contraire, la *barbarie, l'ign* . . . . . prennent de plus en plus racine en Architecture; combien d'exemples et autres que ceux

---

(1) Pages 14, 15, 16, etc. Paris, août 1818.

qui précèdent, soit ceux décrits, ou seulement désignés ; combien de catastrophes toutes nouvelles confirmeraient cette assertion !

Un bâtiment particulier, en reconstruction, à peine couvert, s'est écroulé,
en octobre cette année 1819.

« De nos jours, on construit pour réparer souvent, on construit dans
» l'espérance de reconstruire encore ; tout cela est au mieux dans le meil-
» leur des mondes (1). »

Rien donc de plus absurde que de nous dire :

Les traces de la barbarie s'effacent journellement en architecture etc., etc.

<hr />

IV. DE L'APPARITION DE L'ARCHITECTURE GRECQUE EN FRANCE ; DES ÉDIFICES ÉRIGÉS APRÈS LA LIGUE.

Lorsque François Premier, monarque d'immortelle mémoire, monta
sur le trône des ses ayeux, ce Prince créa de grands et utiles établissemens
publics ; et, pour leur service, il commanda de vastes, de nobles et solides
bâtimens.

La France, jusqu'alors, au seizième siècle, n'offrait d'édifices remarquables, que les seules églises gothiques.

L'époque était arrivée où, chez nous, les lettres, les arts, tels qu'ils avaient

<hr />

(1) Annales des Bâtimens et des Arts, etc. Tome IV, n° XXXVI, pag. 306. Paris, 1819.

6.

été cultivés aux beaux siècles de l'antiquité, *en Grèce* et *en Italie*, allaient produire dans tous les genres des chefs-d'œuvre ; et l'Europe occidentale, participer aux bienfaits de la renaissance des lettres, des sciences et des arts, dont l'Italie jouissait déjà.

Au seizième siècle donc, FRANÇOIS PREMIER est le souverain qui a opéré ces heureux événemens dans son royaume.

CE grand Roi fit jeter dans la capitale les premiers fondemens du Louvre, admirable palais qui n'a point son égal chez aucune nation civilisée, par la conception du plan général de l'édifice sur la cour ; ce plan, dont la forme est un simple carré, est cependant très-varié dans ses élévations, c'est l'œuvre du génie ; l'auteur, *Pierre Lescot,* était né architecte, l'étude de Vitruve, dont le texte lui étoit familier, dirigea ses hautes conceptions en Architecture. De plus, le palais du Louvre, dans ses détails linéaires, est d'une rare pureté ; les ornemens sont de la plus heureuse invention, d'une admirable exécution ; et les figures diverses qui enrichissent l'ordonnance entière du monument, sont aussi d'une noble composition et habilement exécutées.

L'IMPORTANCE de l'édifice du Louvre, qui aujourd'hui compte trois siècles, me commande une sorte de digression, surtout à l'époque présente, où les beaux-arts sont réellement délaissés, si on les juge dans leur véritable état, et non pas d'après certains signes qui, s'ils ont l'*éclat du verre,* en ont aussi *la fragilité.* D'ailleurs, les réflexions suivantes ne peuvent être jugées être une digression, car elles se lient essentiellement à l'ordonnance des édifices publics, et spécialement à ceux de première classe que le gouvernement ordonne d'ériger. Les opérations nouvelles que le Louvre a subies, recommandent d'autant plus d'en parler ici.

DANS un récit fait en juillet 1819, sur ce palais, l'on avance que son péristyle extérieur, exposition à l'*est,* serait une pièce de *rapport,* composition que le *hasard* aura fait rencontrer à *Perrault* dans quelques recueils d'Architecture, et qu'il lui aura plu d'adopter pour cette façade.

Une telle assertion est grave, elle est par trop légère; elle porte atteinte à cette grande, noble et belle architecture de l'édifice qui lui convient, cette assertion flétrit la gloire due à l'architecte français, qui a conçu, tracé, exécuté cette quatrième et dernière partie du plan général du Louvre.

Les fondemens de ce palais, je l'ai dit, avaient été jetés au seizième siècle, par François Premier; la partie seule du plan érigée par ce Prince, est celle du côté de l'*ouest*.

Les rois, ses successeurs, en suivant le même plan, firent bâtir les côtés du *sud et nord;* le seul des côtés à l'*est*, resta à construire jusqu'au règne de Louis XIV; *Perrault* fut chargé par ce prince d'une si grande opération d'Architecture.

Pour donc répondre à l'honorable confiance du Roi, l'ingénieux et savant architecte possédant, comme *Pierre Lescot*, son Vitruve original, qu'il sut traduire et enrichir de notes instructives; *Perrault*, pour ne parler ici que de la façade à construire à l'*est; Perrault*, inspiré par la splendeur du règne de Louis le Grand, jugea que la principale entrée du palais du Louvre, devait être d'une ordonnance qui répondît à la majesté de son Souverain.

A cette fin, l'architecte conçoit un péristyle d'ordre corinthien d'un grand diamètre pour la façade extérieure, tandis que l'intérieur, en totalité, était décoré de deux ordres d'un moyen diamètre, qu'il conserve sans altération au rez-de-chaussée et au premier étage; mais, que d'obstacles divers à vaincre se présentent à notre artiste!

D'abord, les hauteurs données des différens étages, des trois côtés exécutés du plan de *Pierre Lescot;* puis la grandeur de la cour, invariable dans ses dimensions; puis la faible épaisseur des corps de bâtimens érigés *simples* seulement.

Néanmoins, *Perrault* parvient à franchir des difficultés si majeures; il assigne à la nouvelle façade, à l'*est*, une étendue au-delà des pavillons construits vers le *sud* et le *nord* (1); il divise cette ligne nouvelle en cinq parties; il trace un large avant-corps au centre, un pavillon saillant à chaque extrémité, unis entre eux par un péristyle élevé sur un soubassement, dont la hauteur est la même que celle du rez-de-chaussée des premiers bâtimens.

Il dessine dans le milieu de l'avant-corps, une grande arcade au-dessus de la plinthe du soubassement, qui en devient l'imposte; c'est ainsi que la porte principale prend une forme triomphale. Mais les dimensions étant données pour la porte réelle de l'entrée dans la cour du palais, *Perrault* l'établit dans un plan renfoncé, il la dérobe en partie à la vue, et la rend tellement enveloppée, qu'elle devient d'une demi-teinte : voilà le centre de sa composition déterminé.

Ensuite, l'architecte, voulant assigner à chacune des parties de son péristyle un caractère somptueux et large, il ne s'avise point d'en percer le fond d'aucune baie; il appelle, avec autant de jugement que de goût, une suite de niches bien proportionnées, érigées sur le sol même du péristyle, *sept* dans l'une et l'autre branche, ensemble *quatorze*; il les enrichit de chambranles, de contre-chambranles, etc. Toutes ces niches destinées à recevoir des figures de *dix* pieds de proportion; dans l'une d'elles, un JUPITER est posé comme modèle (2).

Enfin, *Perrault* décore chacun de ses pavillons, *sud et nord*, à l'extérieur,

---

(1) L'on voyait encore, il y a *cinquante ans*, ces pavillons; ils étaient plus élevés que le péristyle; devant être démolis, ils reposaient en partie sur des étais de charpente.

Ils ont été supprimés dès les premières années du règne de Louis XVI.

J'ai la gravure de la façade au *midi*, côté de la Seine, elle offre ces mêmes pavillons.

J'ai donné dans mon œuvre, *Principes*

de *l'ordonnance*, etc., divers détails sur le Louvre, inutiles à répéter ici.

(2) Voir les belles gravures, l'une géométrale par *Marot*, année 1676; l'autre perspective par *Le Clerc*, an 1677.

Toutes deux offrent la colonnade avec des niches, et conformément au plan composé par *Perrault*, dont la gravure particulière date de 1674; ces niches exécutées telles que nous les avons vues jusqu'en 1806.

dans leur milieu, de deux colonnes isolées, même ordre corinthien du péristyle; il dessine dans l'intérieur de l'un et de l'autre un vaste escalier, pour le service des appartemens en tout semblables, commodes pour arriver dans les galeries qu'il fait communiquer entre elles, par un couloir ingénieusement établi dans l'avant-corps du centre de sa composition.

En artiste qui entend parfaitement les avantages des enfilades, *Perrault* conserve libre, le grand axe de ses galeries à travers l'avant-corps du centre de son péristyle; cet axe est commun aux baies des portes des extrémités de la colonnade; il pénètre ainsi dans les deux grands escaliers, l'un au *sud,* l'autre au *nord.*

Les cages de ces mêmes escaliers ne sont point obstruées à leurs centres, par des corps de maçonnerie; ils auraient dérobé à l'œil du spectateur en arrivant au pied de la première révolution, le développement des surfaces des murs, noblement décorées de ces cages d'escaliers. *Perrault* avait trop de jugement et de goût; il possédait trop les effets de l'optique, pour avoir composé les escaliers principaux de son édifice, comme le doivent être les descentes dans des souterrains (1).

Perrault donc, a parfaitement atteint le *grandiose* en architecture, dont son esprit était rempli. Quiconque parcourt son noble et beau péristyle, est frappé de surprise et d'admiration en se prenant soi-même pour *échelle* appliquée à l'ordonnance générale de l'édifice; tout ici est grand, majestueux.

Faut-il hélas!!!

Or, on le demande, est-ce là l'ouvrage de l'aveugle hasard, le résultat

---

(1) C'est en ce genre que j'ai dessiné et exécuté la descente des caves dans le pavillon *est, sud,* du grand bâtiment de la Pitié.

Voir planche III°, l'enmarchement à *six pieds.*

Atlas, cinquième volume de mon œuvre d'architecture.

d'un dessin trouvé d'aventure? Peut-on ne pas reconnaître que le *génie*, la *science* de l'architecte ont seuls créé, exécuté le péristyle du Louvre?

HEUREUSEMENT, pour les amis de l'architecture, que ce péristyle, malgré les altérations nombreuses qu'il a éprouvées au commencement de ce dix-neuvième siècle, dans l'achèvement du plan entier, je ne les décrirai point; heureusement le Louvre reste encore le premier monument du monde (1).

CES réflexions, je me le persuade, ne sont nullement hors de mon sujet : *la Chute imminente de la Science de la Construction.*

JE reprends l'indication annoncée de divers autres édifices, tous remarquables, quoique de beaucoup inférieurs au palais du Louvre.

FRANÇOIS PREMIER est aussi le fondateur de l'Hôtel-de-Ville de Paris, qui subsiste encore de nos jours.

CE monument, à l'époque où le plan en fut tracé, était l'édifice le plus difficile à composer sur le terrain nouveau choisi (2), irrégulier, circonscrit par des points invariables, très-rapprochés les uns des autres, impossibles à franchir au temps où cet édifice fut érigé.

EN effet, lorsqu'on en jetta les fondemens, la façade dut être à l'exposition du *couchant*, et n'avoir d'abord qu'une place resserrée; elle n'a été sensiblement agrandie que par le prolongement du quai *Pelletier*, fait au 18ème siècle; l'édifice était borné au Levant, par une vaste église gothique (Saint-Jean), qui ne permit qu'un faible isolement entre elle et le nouvel Hôtel-de-Ville; le plan, dans la direction du *Midi*, était soumis à conserver

---

(1) Un journal spécial des beaux-arts, août 1819, porte en note cette phrase : « Nous reviendrons sur le Louvre, et » nous prouverons que les beautés pre- » mières en sont altérées. »

(2) On sait que l'ancien Hôtel-de-Ville avait existé dans *l'isle* dite encore *la Cité*, près la *Cathédrale Notre-Dame.*

l'entrée de la rue *Saint-Antoine*; tandis que dans la direction du *nord*, l'église et les bâtimens de l'hôpital du *Saint-Esprit*, le plus ancien de Paris, étaient sa limite.

Néanmoins, malgré tant d'obstacles, l'ingénieux et savant architecte chargé de ces grands travaux, a su les vaincre avec un art admirable, et un succès complet. Aussi l'Hôtel-de-Ville de Paris, malgré la teinte gothique et sauvage de son ordonnance extérieure et intérieure, est dans son plan général, par ses distributions principales, par ses souterrains habilement ménagés, que le voisinage de la Seine et ses plus grandes crues commandaient d'établir; l'Hôtel-de-Ville, disons-nous, sera toujours étudié par les architectes les plus capables de juger de l'art et de ses ressources dans la composition des plans des édifices publics. Faut-il que les études de nos jours se bornent à compulser des gravures de compositions inexécutables!

Assurément l'Hôtel-de-Ville de Paris est en architecture, une composition qui, pour exister, n'a eu rien à emprunter aux calculs *arithmétiques* ni *algébriques;* cette production de l'art ne relève nullement de la solution de problêmes les plus transcendans en mathématiques (1). Elle relève toute entière du *génie et du jugement de l'architecte* de cet édifice, le goût seul lui a manqué; l'époque où il vécut, l'absout en partie.

Après la description de l'Hôtel-de-Ville, l'un des premiers bâtimens publics érigés à Paris, je vais donner celle du Collège Royal de France, qui date aussi du même siècle, et dont François Premier a été également l'ordonnateur; établissement consacré à l'enseignement des hautes sciences, des belles-lettres, et destiné spécialement pour les sujets capables, d'après les études des collèges anciens, pour étendre leur première éducation; c'est pourquoi le lieu choisi a été au centre du *pays latin*, quartier de Paris, où l'université existait.

_____

(1) Voir le chapitre premier, IIᵉ vo-lume de mon traité d'architecture : *Im-* *puissance des Mathématiques pour la* *solidité des bâtimens.* Paris, 1805.

7

LES premiers bâtimens du Collège Royal, commencés au seizième siècle, restèrent incomplets jusqu'en 1772; pendant deux siècles, ils sollicitaient leur complément : LOUIS XV ordonna que l'édifice fût achevé.

LE collège alors, il y a 48 *années*, n'avait qu'une seule aile à l'exposition du *Levant* et du *Couchant*, et la tête au *Nord*; au fond, et à l'extrémité du terrain, une travée en retour d'équerre, adossée au *Midi*, contenant la cage du grand escalier (il subsiste encore), indiquait la profondeur que la grande cour devait avoir selon le premier plan; dimension conservée par l'architecte chargé de l'achèvement du Collège, en 1772.

L'AILE subsistante était au rez-de-chaussée, distribuée en classes de diverses dimensions, pour les cours de littérature et des sciences; l'élévation supérieure se composait d'un premier étage surmonté par les combles.

L'ORDONNANCE au rez-de-chaussée, consistait en une suite d'arcades; en de larges pied-droits, des pilastres doriques groupés deux à deux et un entablement; les murs avaient trois pieds d'épaisseur.

LE premier étage offrait aussi de doubles pilastres, mais d'ordre ionique qui couronnaient l'édifice, dont les baies des croisées étaient en plate-bandes.

QUANT au genre de la construction, la tête des pied-droits, les impostes, les arcades du rez-de-chaussée, les tableaux, les embrasures, les claveaux des croisées du premier étage, les ordres pilastres doriques et ioniques, leurs entablemens respectifs, étaient en pierre de taille, le reste, en briques à l'extérieur, et en liaison à l'intérieur, avec des moellons; le tout construit solidement.

LA distribution du premier, consistait en un long corridor éclairé sur la grande cour du collège; il donnait entrée sur le côté, à des logemens de professeurs; au fond, l'on arrivait dans une vaste salle, celle d'assemblée, ayant six baies de croisées; deux au *levant* sur la petite cour, deux au *nord* sur la place dite du collège Cambrai; deux au *couchant* sur la cour principale.

J'ai occupé cette pièce pour le bureau des nouveaux bâtimens, dont j'étais l'inspecteur; souvent je portais mes regards sur les planchers dont les bois étaient apparens; je me disais : antiques constructions, vous avez vu *Ramus :* dans cette salle, il présidait aux délibérations qui devaient favoriser l'essor des sciences et des lettres; dans ce même collège, ce savant célèbre fonda une chaire pour l'enseignement des mathématiques (1) !

La façade ancienne du même bâtiment à *l'est,* était telle qu'on la voit de nos jours, ouverte par de simples baies carrées au rez-de-chaussée et au premier étage.

Le comble de l'édifice, très-élevé dans sa coupe, contient un second étage qui était éclairé de chaque côté, *levant* et *couchant,* par des *lucarnes* en pierre; celles sur la cour principale ont disparu dans la nouvelle ordonnance de l'édifice, le seul côté des combles qui ait changé de profil; au *levant,* les lucarnes, de première origine, sont encore debout.

Telles étaient en 1772, la composition et la construction des bâtimens du collège royal, qui lui assignaient déjà le caractère d'un édifice public (2).

(1) Cette chaire restée long-temps vacante, a été remplie en 1770 par M. *Mauduit,* géomètre des plus distingués, que les sciences ont perdu en mars 1815. Il est auteur d'ouvrages en mathématiques, dont plusieurs ont été traduits chez l'étranger. Dans le cours des travaux du collège royal, je m'étais chargé en 1774, d'un nombre d'élèves, que je recevais dans le même bureau; l'un d'eux, M. *Deschaulms,* exerce depuis long-temps

avec honneur l'état d'architecte; il a mérité ainsi l'estime publique dont il jouit.

Il est un autre de ces élèves, M. Coly, ingénieur des carrières sous Paris, dont le savoir et l'activité ont fixé sur lui la confiance de l'administration particulière de ces travaux publics importants.

(2) Ces détails sont exacts, je puis l'assurer; élève de *Chalgrin,* auteur de la restauration de ce collège célèbre, j'ai levé en 1772 les plans, dessiné toutes

7.

CETTE description indique assez que, dès le retour à l'Architecture antique, les architectes bâtirent selon les principes de la solidité, qu'ils puisèrent dans la doctrine de *Vitruve*, et dans les proportions des édifices de l'antiquité, sources sûres de la *science* de la *construction*, pour tout artiste pourvu *d'imagination*, de *jugement*, de *goût*, et d'une *instruction* substantielle. Les architectes de ces siècles heureux n'eurent aucun recours aux points d'appuis indirects, à la manière des constructeurs d'édifices en gothique ; ils bâtirent solidement, et d'un tout autre genre que celui de nos constructions du jour, si ridiculement appelées, à l'*antique*, et d'une faiblesse extrême dans leur ensemble.

LES guerres civiles que la *ligue* enfanta bientôt, sous la régence de CATHERINE DE MÉDICIS, et sous le règne de HENRY III, suspendirent l'élan pour les beaux arts, donné par FRANÇOIS PREMIER.

MAIS, à l'exemple de ce PRINCE, aussitôt après la cessation des troubles désastreux de la ligue, dès le commencement du 17ᵉ siècle, HENRY IV, ce ROI magnanime, après avoir reconquis son royaume, se livra aux plus grandes entreprises en bâtimens.

DES palais, des ponts furent ordonnés par HENRY IV; il fit terminer l'Hôtel-de-ville de Paris, selon le premier plan. Les grands de sa cour, érigèrent des *hôtels* somptueux dans la capitale, des *châteaux* dans les provinces, dignes par leurs masses, leur ordonnance, par leur construction, du haut rang

---

les parties, les élévations, les coupes de l'édifice tel qu'il existait.

La première pierre de la restauration a été posée par le *duc de Lavrillière*, en *mars* 1774; une inscription gravée sur le cuivre, une médaille *d'or* portant d'un côté la figure de LOUIS XV, au revers une vue perspective du nouvel édifice, ont été déposées dans une boîte encastrée dans le lit de dessus de la première assise de la nouvelle aile, et à l'angle sur la place, *nord-est*. Je conserve une empreinte en *étain*, du revers de cette médaille, *la nouvelle façade* vue en perspective prise sur l'axe du plan général. M. *Portal* est le seul professeur qui survit en 1819, à tous ceux qui composaient cette société célèbre en 1773.

qu'ils occupaient. Le *Roi* et les *princes* choisirent pour architectes les artistes qu'ils savaient distinguer, et les plus capables de remplir leurs vues nobles, élevées, par le *génie,* la *science* et l'*honneur* qui inspiraient et dirigeaient ces architectes.

AUSSI, a-t-on vu alors une admirable émulation s'établir entre les savans architectes chargés de ces travaux immenses; aussi les monumens, divers dans leur *espèce,* qui furent construits, prirent-ils le caractère propre à leur destination, exprimés par le crayon des Philibert de Lorme (1), des Ducerceau (2), des Châtillon (3), des Debrosses (4), qui florissaient à ces

---

(1) Auteur du palais des Tuileries, de la galerie d'Apollon au Louvre, du château de *Saint Maure,* de *Meudon,* l'un à *l'est,* l'autre à *l'ouest* de Paris; de celui d'*Anet,* etc.

Ces châteaux ont été détruits par le vandalisme révolutionnaire.

(2) Architecte de l'hôtel de Sully, rue Saint-Antoine, de celui de Bretonvillier, île Saint-Louis, du pont-neuf, de la première partie de la galerie du Louvre sur les bords de la Seine, si remarquable par le genre de l'architecture et par l'ingénieuse application du chiffre d'*Henri IV,* qui en enrichit encore les arcades d'une composition et d'une exécution admirables.

(3) Architecte de *l'hôpital Saint-Louis,* au nord de Paris; deux siècles ont respecté l'heureuse conception de son plan; ils n'ont point altéré le bel ensemble des masses, à compter de l'ancienne entrée dite aujourd'hui, le pavillon *Gabrielle,* à *l'est,* jusques et compris *l'église* sur le même axe à l'extrémité *occidentale,* ainsi

que les flancs au *nord,* au *midi;* le temps n'a pu mordre sur ces constructions restées fermes et solides sur leurs fondemens jusqu'à ce jour.

Le temps apprendra si ce chef-d'œuvre de l'art conservera sa beauté, sa solidité originelles; les amis des arts en ce genre, ont tout à craindre pour l'hôpital Saint-Louis. Des plans en addition ont été tracés et publiés; addition qui détruit *l'unité,* première loi de toute composition d'architecture et dont le traitement anguleux des masses en accroissement, est inconcevable. Quelle erreur chez les *faiseurs* de projets! qu'ils y réfléchissent, leurs dessins sont entre les mains du public qui déjà a prononcé sur leur valeur. Je n'en dis pas davantage.

(4) Architecte du Luxembourg, de la grande salle du palais de Justice, du portail Saint-Gervais à Paris, du célèbre aqueduc d'Arcueil, au *sud* de la capitale, etc. Ouvrage, répétons-le, qui l'emporte en ce genre, sur les plus beaux antiques.

temps de la vigoureuse jeunesse des lettres , et de celle des arts en France.

C'est pourquoi les productions de ces grands architectes sont appelées, si justement ,

    « Beaux et grands bâtimens d'éternelle structure. »

Et des quels on peut dire :

    Magis pares , quam similes.

Ils étaient égaux sans se ressembler.

On peut encore appliquer aux édifices érigés par les artistes , la pensée d'un poète moderne qui , disciple du savant professeur *Le Beau,* en parlant de ses œuvres, dit :

    Juvenes etiam, post fata docebunt.

La comparaison suivante conviendra à ce sujet.

De même qu'en littérature, le style des Racine, Bossuet, Fénélon, Massillon, etc., est particulier au génie de chacun de ces grands hommes ;

De même , en Architecture, les *plans, l'ordonnance* des édifices érigés par les célèbres architectes français, des 16e et 17e siècles, ont tous le style propre de leurs immortels auteurs; le style, apanage spécial de l'esprit de l'homme de lettres, de l'artiste.

Mais aussi, ces architectes, (comme la nature de leurs fonctions le veut), dès que leurs plans avaient été acceptés; dès que les ordres leur étaient transmis pour l'exécution, devenaient maîtres absolus de la construction des plans qu'ils avaient composés; aucun agent intermédiaire ne s'avisait, comme il en est de nos jours, de s'en emparer, de les bouleverser; ou au moins, de les altérer : c'est pourquoi leurs monumens sont autant de chefs-d'œuvre de l'art ; ils sont éternels dépositaires de l'élévation du génie de ces artistes si justement vantés ; édifices dans lesquels ils ont prouvé leur science profonde en construction, par l'application modifiée avec le jugement le plus sain, des principes propres et constitutifs de l'architecture.

VOILA comment la perfection se trouve dans l'ordonnance des bâtimens des siècles cités, tous variés, et cependant :

Magis pares, quam similes.

TOUS constitués fortement dans leur construction.

Nos architectes des 16e et 17e siècles en France, ont jugé qu'ils devaient suivre la même route que les architectes de l'antiquité, qui ont bâti *Rome, Balbek,* et *Palmyre,* dont les ruines donnent encore, après *vingt siècles* écoulés, la plus grande idée de la civilisation, de la splendeur des peuples qui les ont érigées; à cette fin, nos savans architectes ont jugé de tout le besoin, et des avantages de savoir bâtir solidement.

ET certes, il n'en sera pas ainsi de nos édifices de ce dix-neuvième siècle décrit précédemment; bientôt ils offriront ou des ruines, ou des confortations dont ils seront hérissés pour leur conservation; travaux qui, en dénaturant les distributions, absorberont des *dépenses considérables que le trésor public payera.*

DONC, les édifices chez nous, les plus dignes d'admiration sous le double rapport de l'*ordonnance* et de la *construction,* sont ceux bâtis aux 16e et 17e siècles; temps où les architectes qui les ont construits, jouissaient d'une honorable et encourageante confiance auprès des SOUVERAINS; auprès des administrations qui les appelaient pour exercer leur art; « on gouvernait à » ces temps, et les hommes à talens étaient accueillis. »

Aujourd'hui :

« LA médiocrité règne partout en souveraine, ses ministres usurpent les » premiers rangs, et, à la honte de l'art, la faveur tient lieu de mérite. »

AUX siècles de HENRI IV, de Louis XIV, la plus sage politique inspirait à ces grands Rois et aux ministres qui, avec eux dirigeaient le vaisseau de l'état, d'accorder faveur et confiance aux *Pierre Lescot, Ducerceau, Mansard, Perrault*, etc., etc., et ces architectes opéraient avec succès, avec *économie,* la seule que doive connaître un Gouvernement habile.

Les vues les plus clairvoyantes déterminaient le Souverain d'ordonner d'utiles établissemens; d'en faire les bâtimens grands et solides; il ne voulait point semer les germes de catastrophes dans les édifices qu'il faisait ériger; il ne voulait point de travaux en *reprises,* en *reconstruction ;* ni des *confortations* à faire après coup, comme il en est de nos jours, à compter de ce siècle. Le Gouvernement attachait un intérêt éclairé au bon emploi des *fonds publics,* dans les travaux de bâtimens.

Au seizième siècle, Sully, ce modèle des ministres, en avait jugé ainsi; il protégea l'Architecture, cet art si utile sous tant de rapports pour le service public.

« Le cardinal de Richelieu, ce grand ministre, ne calculait pas le devis » d'une fontaine, ou d'une place publique; les vues des ordonnateurs étaient » grandes, élevées, et dignes du haut rang qu'ils occupaient d'origine. »

Tel était l'état des choses en Architecture aux 16e et 17e siècles.

C'est pourquoi nous jouissons encore aujourd'hui des heureux résultats, en bâtimens publics, de l'esprit administratif d'alors, dans les beaux, les solides édifices que deux siècles écoulés ont laissés intacts; tels, l'*hôpital Saint-Louis,* l'*hospice de la Salpêtrière,* dont les anciens bâtimens sont habités avec toute sûreté, par les indigens auxquels ces grands établissemens sont consacrés d'origine, et qui n'exigent que de simples entretiens.

L'observateur, ami des arts, peut comparer ces nobles et fortes productions en Architecture, avec les bâtisses nombreuses, misérables, érigées depuis peu d'années, par le régime qui commande l'*ordonnance* et la *construction* de tous les bâtimens publics de la capitale.

Sans doute que certains enthousiastes de l'état actuel des beaux arts en France, rejetteront la justesse de ces remarques; qu'ils me permettent de leur faire observer :

Que les architectes des 16, 17 et 18ᵉ siècles même ne sont point remplacés, je dis du 18ᵉ siècle qu'ont honoré les *Servandoni*, *Boulet*, *Soufflot Moreau*, *Peyre* l'aîné, etc., etc. Il n'y a plus d'artistes qui soient de cette force en *génie* et en *science;* trop d'architectes, n'en déplaise à leurs prôneurs, sont de simples *imagiers* en architecture, des *compilateurs;* et cette classe pullule de plus en plus, par l'influence morbifique du régime actuel en architecture, l'audacieux *pouvoir universel de bâtir;* et, quoique les remplaçans présomptueux abondent aujourd'hui, pour occuper des places d'*architectes*, ils ne peuvent être *successeurs légitimes des hommes à talens* que la mort nous a ravis depuis *cinquante ans*, et désignés ici.

Or, à raison des prétentions en capacité, de certains docteurs du jour, qui ne s'inquiètent nullement de la raison des *choses en construction*, j'insisterai à leur dire, je leur répéterai les vérités suivantes :

Vous autres qui prenez le titre d'architecte et osez paraître sur la scène du monde comme tels; vous qui, pour les plus capables, ne *composez* que de *réminiscence*, qui ne construisez qu'à l'*aventure* et avec le secours de *bâtisseurs* que vous affublez du nom commode pour vous, de *constructeurs;* sachez donc que tous nos grands maîtres produisaient de leur propre fonds; ils exécutaient eux-mêmes leurs plans; les *bâtisseurs* intelligens qu'ils employaient en étaient les *instrumens*, et nullement les *constructeurs*. En vain chercheriez-vous à dénigrer le genre, le style des compositions des *Debrosses*, des *Lemercier*, des *Mansard*, des *Perrault*, etc., leurs chefs-d'œuvre restent debout, ils célèbrent dignement par leur noble *ordonnance*, les MONARQUES, les *ministres* qui les ont ordonnés; je parle de ceux que le vandalisme révolutionnaire de 1793 n'a pas détruits; ils peuvent, par leurs propres forces, être encore plusieurs siècles, commodes et sûrs au service public qu'ils fournissent depuis des époques déjà anciennes.

8

Donc, ces édifices, ainsi que je l'ai précédemment avancé :

Juvenes etiam , post fata docebunt.

La jeunesse studieuse qui s'élève, espérons-le, dirigée un jour par des maîtres qui posséderaient la *science* de leur art, ne dédaignera point l'instruction qui lui serait donnée dans des cours substantielles; elle méditerait les *compositions ingénieuses* et les *constructions savantes* des architectes français, qui ont illustré leur patrie pendant des siècles, au lieu de les dédaigner, comme il en est, par suite du défaut d'*instruction,* par suite de l'ascendant sur leur esprit, du système de *perfectionnement* de nos jours, et du genre dit *antique* d'architecture tant à la mode, genre qui n'en est qu'une plate et maladroite imitation.

Puisse ce vœu se réaliser! il est fondé en faveur de la jeunesse qui se voue à l'architecture, d'après les observations que j'ai faites, lors des jugemens des concours périodiques à l'école royale et spéciale d'architecture, et ces observations consolantes je les ai puisées dans la nature de quelques-uns des plans et des élévations que nous avons eu à juger.

Les sujets qui les tracent sont très-aptes, très-capables de profiter des leçons savantes qu'ils recevraient sur la *science de l'art. Fassent les* IMMORTELS! qu'enfin de telles leçons soient *rétablies* à l'école ROYALE d'architecture, après la trop longue lacune, causée par nos troubles civils, dans cette partie de l'instruction publique, état qui subsiste toujours (septembre 1819), état qui m'a dicté, il y a *douze années ,* l'un des chapitres de mon traité d'architecture (1); lacune enfin, qu'il importe tant à l'AUTORITÉ de faire cesser.

Si une pareille réforme peut s'opérer, les élèves, pour l'avenir, qui possèdent le germe du talent, se livreraient courageusement et avec ardeur, à l'étude de la *science* de leur art; le courage ne leur manquera point. La

(1) Des anciennes études de l'architec-   en vigueur. IVᵉ volume. Paris, 1807.
ture, et de la nécessité de les remettre

force des choses, par suite, dissiperait toute influence maligne qui agit maintenant contre l'Architecture : celle de ce fameux *pouvoir universel de bâtir*, qui serait forcé au moins d'être circonspect, de fléchir devant la *science*, et de respecter la nouvelle race d'architectes.

~~~~~~

V. TRAVAUX DE RESTAURATION ET DE CONFORTATION A FAIRE DANS DES ÉDIFICES PUBLICS DE PREMIÈRE CLASSE.

En vain prétendrait-on que nous sommes assez riches maintenant, en édifices publics ; que tout se borne pour l'administration, à entretenir les bâtimens existans ; à faire des réparations que le temps peut nécessiter successivement ; que de pareils travaux n'exigent que la pratique, la routine que possèdent les simples ouvriers ; que pour l'AUTORITÉ, il lui suffit de faire tenir des états en règle par une administration spéciale, des dépenses occasionnées pour ces travaux d'*entretien* et de *restauration ;* état dont les nouvelle formes établies garantiraient efficacement l'ordre, le succès dans les travaux de bâtimens publics.

Eh bien, dans l'hypothèse même où le GOUVERNEMENT s'interdirait désormais toute construction nouvelle, le talent, la science de l'architecte restent toujours nécessaires pour le service des bâtimens; pour obtenir l'ordre réel, et non fictif, des dépenses publiques en ce genre.

Les grandes restaurations d'édifices qui se succèdent journellement; les additions, les changemens divers et importans que l'on exige à faire dans des établissemens de première utilité et qu'il faut conserver ; de plus les confortations inévitables des bâtimens de ce siècle, 1819, qu'il faudra défendre de l'écroulement; tous ces travaux, pour la plupart, sont et seront une suite de problêmes en construction à résoudre (1).

_____

(1) Dans cette seule année 1819, dès le mois d'avril, deux opérations en tra-

8.

Or, pour des travaux d'une telle classe, desquels dépend la conservation des bâtimens; pour les rapports, les convenances à établir selon leur
genre, leur espèce ; tout-à-la-fois, pour le bon emploi de l'*argent,* il faut
un *architecte savant, expérimenté, amoureux* de son *art* et de *l'estime
publique.* Donc il importera toujours au GOUVERNEMENT de former des architectes de cette cathégorie, par des cours publics capables de ces résultats.

En effet, pour l'avenir, il serait très-dangereux d'être obligé de confier
aucune restauration à des architectes ordinaires; à de simples sujets de faveur
de l'espèce actuelle, qui tourmentent et investissent en foule les AUTORITÉS.
Il serait également nuisible de livrer ces sortes de travaux à la seule industrie des ouvriers *maçons, charpentiers,* etc., etc., mesure cependant trop
usitée de nos jours. Aussi avec ces diverses mesures, nulle sûreté, nulle économie, malgré les formes administratives et nouvelles si rigoureusement
observées; et dont bientôt l'insuffisance, pour ne rien dire de plus, sera démontrée dans ce discours.

Une remarque importante qui doit paraître ici, est de se défendre d'exécuter avec *précipitation,* comme on le fait, les bâtimens publics mêmes,
et généralement ceux des particuliers; laquelle règne soit dans les constructions totalement neuves, soit dans les restaurations. Cette mode, on
ne saurait trop le répéter, expose aux chances les plus désastreuses contre la
solidité, contre la *sûreté* des habitations, contre l'*économie.*

La restauration de l'édifice public important, faite dans le cours du

---

vaux de bâtimens très-importans, et de ce
genre, se sont présentées à faire dans mes
attributions.

La première, à la boulangerie générale
des hôpitaux, dite *Scipion.*

La seconde, à l'hospice des Incurables,
hommes, faubourg Saint-Martin; et,
depuis, l'addition projetée à l'emploi

des aliénés de la Salpêtrière, et à
celui de Bicêtre, opérations dont je suis
chargé par l'*administration.*

Je donnerai des détails sur ces divers
travaux, dans mes recherches nouvelles
sur les hôpitaux, annoncées à la tête de
cette seconde partie de l'ouvrage que je
publie aujourd'hui.

dernier hiver, et dont j'ai traité plus haut, a été exécutée avec une *célérité* trop célébrée par la multitude; elle est redoutable pour tout édifice important.

Les réflexions particulières que je viens d'exposer sur la nécessité du *talent*, de la *science* de l'architecte, quelles que soient les espèces de travaux commandés pour le service public, sont d'autant plus à propos, qu'il y a urgence aujourd'hui d'ordonner de grandes *restaurations* et *confortations*, dans un *nombre* d'établissemens de Paris, et des plus importants, dont cependant je ne citerai que trois, savoir :

Le temple du Val-de-Grace.

La Halle au blé de Paris.

L'Hôtel-Dieu.

Le temple du Val-de-Grâce, si digne du siècle de Louis XIV, érigé sur les plans de l'habile, du savant *François Mansard*, à l'occasion de la naissance du grand Roi.

Le Val-de-Grâce, par son excellente construction, a pu jusqu'à ces jours (1819), résister aux atteintes les plus destructives causées par l'oubli total d'entretien depuis *trente années*, d'où ont résulté : dégradations des cheneaux en pierre, engorgemens dans les descentes en plomb, disjonctions des dalles qui recouvrent les larges empattemens de l'attique sur lequel s'érige la tour du dôme; plus le désordre survenu dans les plombs qui couvrent les charpentes du dôme et les nefs de l'église. Par suite de ces divers accidens, les voûtes de la nef, si belles par leurs compartimens, enrichies de sujets en bas-reliefs de la composition des statuaires célèbres, les *frères Anguier*; toutes ces constructions précieuses sont atteintes par l'infiltration des eaux qui les pénètrent plus ou moins; l'angle *nord* du portail de l'église sur l'avant-cour, a été imbibé à un tel point, que le chapiteau pilastre, d'ordre corinthien, est en ruine.

Il faut, sans différer, réparer les couvertures à compter du sommet du dôme, les plombs, les rigoles en pierre, les descentes, les terrasses; l'intérêt du trésor royal, l'honneur des beaux arts recommandent vivement ces utiles et indispensables travaux (1).

Si l'on opposait contre les restaurations diverses de cet édifice si précieux à tant de titres, que les dépenses majeures qu'elles occasionneraient, n'auraient point d'objets, l'église du *Val-de-Grâce* étant sans application aujourd'hui;

Je répondrais d'abord, que détruire ce chef-d'œuvre d'architecture en France, serait un parti que les barbares eux-mêmes ne s'avisèrent pas d'employer lorsqu'ils sont devenus les maîtres de Rome, si riche en monumens des beaux arts; qu'ils ont au contraire, réparé les édifices en ruine.

Je dirais que ce temple pourrait redevenir ce qu'il a été, à compter de son origine, en 1645, jusqu'en 1789, la sépulture non seulement d'une branche de la Famille Royale, mais même le lieu du dépôt des dépouilles mortelles et diverses des princes et princesses du sang (2).

---

(1) Je dois dire que dans le cours de 1818, l'on a fait des réparations en plomb, à prendre du lanternon qui couronne le dôme, jusqu'à l'attique en pierre.

Des-travaux de plomberie viennent d'être faits sur toute la superficie du dôme, à compter de juillet 1819.

Espérons que les autres travaux que j'indique ici s'effectueront.

(2) J'ai visité, en 1780, les voûtes souterraines qui existent encore sous la grande-chapelle au *nord*, celle particulière de la fondatrice, justement célèbre, MARIE-ANNE D'AUTRICHE, mère de LOUIS XIV. Dans ce temps, un nombre de cercueils de la famille d'Orléans, enveloppés d'étoffe de soie noire, rehaussée de franges d'argent, étaient rangés avec ordre sur des tables de *liais*, du plus bel échantillon; les pieds en même pierre, et en forme de console étaient d'un très-beau profil. Sur l'une de ces mêmes tables continues était établie une armoire en marbre statuaire, distribuée sur la hauteur en plusieurs tablettes de même marbre, fermée de portes grillées et dorées; elle renfermait un grand nombre de *cœurs* de PRINCES et PRINCESSES de la FAMILLE ROYALE, déposés dans des boîtes d'argent surmontées de couronnes de *vermeil*.

AINSI, sous tous les rapports, l'église du VAL-DE-GRACE ne doit pas être livrée à une destruction inévitable, si les réparations urgentes ne s'exécutent point. Les travaux ne nuiront en rien à l'hôpital militaire établi dans les bâtimens d'habitation.

DISONS en terminant cet article :

LE Val-de-Grâce serait lui seul une source féconde en *science de la construction* des bâtimens. L'église, le morceau capital de l'établissement, offre à l'*est* et au *nord*, les plus utiles exemples des forces habilement, savamment combinées entre la *résistance* des masses environnantes et la *puissance* du dôme. La *composition*, la *construction* de cet admirable édifice, est bien capable d'éclairer ceux qui veulent être architectes.

LE VAL-DE-GRACE enfin, comme monument historique, comme édifice célèbre, doit être conservé ; conséquemment, les réparations que j'invoque ne doivent plus être différées.

LA halle au blé de Paris, déjà citée dans la première partie de ce discours (page 21), considérée dans sa construction, très-habilement exécutée, mais faiblement conçue dans la composition de son plan ; cet édifice est le deuxième qui appelle vivement, je le dis de nouveau, des confortations nécessaires à sa conservation.

EN effet, ses murs extérieurs composés d'une suite d'arcades au rez-de-chaussée, sont dans un état toujours progressif de destruction ; les contre-clefs, les clefs du plus grand nombre des arcades, les claveaux des baies, en plate-bande de l'étage des greniers, de la même façade, tendent à se détacher ; il en est plusieurs qui sont rompus, les conséquences s'en jugent aisément.

CET état de désunion entre les parties constituantes des façades avec les voûtes des galeries du rez-de-chaussée, avec la grande voûte annulaire des greniers, réclament de promptes confortations, sans lesquelles il est impossible qu'un monument si nécessaire pour la capitale, reste sur pied (1).

L'HÔTEL-DIEU, le troisième édifice dont je doive parler ici, relativement aux travaux en confortations qu'il exige; cet hôpital a une de ses parties, et la plus considérale, qui ne peut subsister sans l'application des moyens étudiés, et propres à sa restauration; il faut qu'ils soient *efficaces, certains,* et non pas *éventuels* pour la solidité; les travaux à faire sont difficiles à remplir par toutes les conditions qu'ils imposent, dont, heureusement, la main d'œuvre séra simple dans l'érection des points porteurs principaux et puissans, mais d'une sujétion-particulière.

ILS sont tels d'ailleurs, ces travaux, par leur nature, leurs espèces diverses, que les détails, les accessoires ne peuvent être tous déterminés à l'avance; les dimensions, le poids réel des matières à employer, soit de bois, soit de fer, ne peuvent être connus qu'au moment de l'exécution; ilen sera de même des raccordemens de maçonnerie, qui deviendront indispensables; le tout devra être exécuté par des ouvriers intelligens. Ces travaux encore, seront soumis dans le cours de l'exécution, à des modifications inévitables. Vouloir fixer d'abord l'emploi des fonds dans cette opération *extraordinaire,* serait se précipiter dans un gouffre infaillible, en fausses dépenses, et compromettre la sûreté publique.

LE conseil général d'administration s'occupe de cette restauration, je l'ai annoncé (2).

---

(1) J'ai publié des moyens de confortations à faire aux murs extérieurs de la halle au blé; je les ai accompagnés de *plans, élévations* et *coupes gravés.*

Ces moyens sont recueillis dans mon œuvre, IIIe volume, pages 80, 81, etc. Paris, 1809.

Les planches sont insérées dans l'atlas,

qui en est le Ve et dernier volume.

Les dissertations diverses qui composent cet ouvrage particulier, sont portées sur le registre du CONSEIL des travaux publics du département de la Seine.

(2) Mon rapport sur cette grande opération, fait au Conseil général d'administration des hospices, le 27 août 1817, sera

Les travaux considérables et divers à faire dans chacun des monumens que je viens d'indiquer, rendent à propos la citation suivante :

« C'en serait fait de tout ce qui intéresse l'ordre social, si désormais la
» construction des édifices publics, leur restauration devaient être soumises
» aux opinions de jeunes têtes, qui influeront sur des objets que toute la
» maturité de l'expérience et de l'âge, suffisent à peine pour traiter avec la
» prudence et les lumières convenables » (1).

Il faudra donc, si l'on veut opérer désormais avec certitude, et pour le véritable intérêt du trésor public; il faudra, à l'avenir, en administration de bâtimens, pour les travaux mêmes de restauration, qu'il en soit tout autrement qu'aujourd'hui (1819), où des ordonnateurs de classes différentes se permettent, d'après les conseils les plus pauvres, d'employer des mesures erronnées, de rejeter, réduire, changer les plans tracés, les moyens déterminés par la science, l'expérience; ces licences par trop étendues, sont totalement nuisibles aux succès des travaux, et à la véritable économie prescrite, avec tant de raison, dans toutes les parties de l'administration publique.

Aussi, d'après les descriptions données précédemment, sur la construction des édifices nouveaux d'une certaine étendue; comme aussi, de toutes les espèces de travaux publics; l'on sait maintenant à quoi s'en tenir sur l'application du grand mot économie, qui retentit de toute part : ici, une misérable parcimonie se fait remarquer; là, au contraire, on voit une fausse et ridicule dépense; et les auteurs de ces singulières merveilles en poursuivent le cours; ils sont célébrés comme d'habiles, de grands administrateurs!

---

imprimé dans mes nouvelles recherches sur les hôpitaux.

J'ai dit avoir reçu les ordres du Conseil général des hospices et hôpitaux pour l'exécution de ces travaux importans, très-avancés aujourd'hui, novembre 1819.

(1) L'auteur de cette réflexion, sans être architecte, ne connaît que trop l'état critique actuel de l'Architecture, et dont les premières autorités éprouveront d'inévitables regrets.

Si l'indifférence pour le fond, l'abandon de la véritable *économie* dans toutes les opérations de bâtimens, sont tels de nos jours, que l'oubli des proportions à donner aux forces *résistantes* a causé une perte grave dans une construction majeure, par son aspect, faite récemment à Paris même.;

La note suivante sur elle prouvera l'assertion avancée de l'indifférence en ce genre.

Lors des premiers travaux de cet établissement que nous avons en vue, les fondemens furent mal établis; ils n'étaient composés que de matériaux de faible échantillon, de simples moellons : les constructions supérieures parvenues à un certain degré, ces fondemens fléchirent, il fallut les reconstruire avec des moyens plus efficaces que ceux employés d'abord, d'où a résulté d'une part, accroissement de dépenses; de l'autre, perte dans les constructions précédentes: malheureusement l'opération fut reprise à compter des fondemens construits en massifs de pierre de taille; tandis que les parties supérieures de l'édifice furent construites en charpente armée de fers, mais trop faibles et selon l'esprit qui avait dirigé les premiers fondemens; le corps entier en élévation à peine terminé, rompit avec un fracas épouvantable.

Tel est le produit des nouveaux systémes en construction, qui dirigent les travaux publics.

Voilà où nous en sommes en administration de bâtimens. Les faits les plus multipliés ne confirment que trop l'à-propos du discours que je publie.

Quant aux restaurations majeures à faire aux édifices : le *Val-de-Grâce*, la *Halle au blé*, l'*Hôtel-Dieu* de Paris; travaux d'une nécessité absolue, pour la conservation de ces grands monumens; ces exemples prouvent assez qu'à l'avenir, et autant que les habitans de la France composeront un corps de nation, fussent-ils réduits à n'ordonner aucun édifice nouveau, mais seulement des travaux de *restauration*, de *réparation*, plus ou moins importans; toujours ainsi que je l'ai avancé, la société aura besoin d'architectes *habiles*, *savans*, et autres que de simples *imagiers* de cette espèce, pour tracer les plans les plus appropriés à leur objet, conduire directement les travaux à une heureuse exécution, et pour en régulariser les *dépenses*; résultats impossibles à obtenir sous l'empire du *pouvoir universel de bâtir pour tous les architectes; pouvoir* étranger à l'architecture, et dans l'*ordonnance* et dans la *construction; pouvoir* auquel ne se soumettront jamais les artistes savans, expérimentés, enfin le petit nombre de cette classe qui vit encore.

Donc, dans l'état actuel administratif, *la chute de la science de la construction des bâtimens est à craindre.*

Les travaux faits au petit édifice de la fontaine Saint-Séverin, qui ont élevé une juste censure, sont un exemple à citer de la nécessité que les plus simples réfections mêmes des monumens publics et peu considérables, soient confiées à des mains capables et libres, pour bien faire.

La critique sur cette fontaine termine par une spirituelle exclamation; la voici :

« Et nous avons des conseils de bâtimens, et un directeur des travaux » publics, et nous nous croyons des Athéniens; et nous nous fâchons quand » on nous traite de Barbares (1)!

Voila pourquoi les esprits les plus sages, les plus familiers avec ce qui constitue *l'art* et la *science* en architecture, ne cessent de faire des vœux pour la renaissance d'une ACADÉMIE, qui réunirait les vrais *maîtres* en cet art; laquelle exigerait du professeur de l'école d'être essentiellement *savant*, capable de donner des leçons sur la science de l'architecture, puisée, redisons-le, dans *Vitruve, Léon Baptiste Alberti, Philibert De Lorme, Perrault*, etc., etc., *instruction* qui manque totalement aux jeunes gens, *instruction* dont l'absence prive l'ÉTAT de la reproduction d'habiles architectes.

_____

(1) Journal des débats, 3 novembre 1818.

EN effet, comment tels professeurs du jour pourraient-ils enseigner une *science* qu'ils ignorent ? il leur est impossible de parler avec clarté et habileté comme professeurs, dans l'école publique, de choses qu'ils n'ont point étudiées; car l'un est dénué de toute *théorie*, de toute *pratique* raisonnées en architecture ; l'autre ne connaît que le *mécanisme* de la main d'œuvre, véritable *bâtisseur* et non pas *constructeur.*

LA science de la *construction* doit être enseignée aux élèves qui suivent les cours publics et spéciaux de l'Architecture; l'intérêt de l'ÉTAT entier le sollicite vivement pour le service des bâtimens qui doivent être conservés, et pour l'érection de nouveaux en remplacement de ceux détruits, ou pour les travaux en addition de bâtisses devenues nécessaires. Sans cette *science,* il est impossible à un architecte, quelque facile dessinateur qu'il soit, d'exécuter rien avec habileté, convenance, avec ordre, conséquemment avec une *véritable économie.* Oh! combien d'exemples se présentent à mon esprit, qui démontreraient toute la justesse de ces réflexions. Je m'arrête; tout prouve donc, aujourd'hui, l'insuffisance des institutions diverses et modernes, quelles qu'en soient les combinaisons, aux fins du service des bâtimens; quant à celles appelées *provisoires*, elles ne se prolongent que trop longtemps.

LA nouvelle chaire établie cette même année, aux écoles d'Architecture, par un motif louable, est incapable de produire aucune amélioration sous les rapports de la *science de la construction* que l'on semblerait juger être enseignée, elle ne l'est point dans l'organisation actuelle, je le répète, je l'ai démontré. Il est donc incontestable que les cours à l'école royale d'Architecture, restent toujours dépourvus de l'enseignement des *principes* constitutifs de la *science de la construction.* Cette chaire devait être remplie par un professeur d'Architecture, *compositeur habile* et *constructeur savant.*

OR, sans académie d'Architecture ou sans un corps de cette nature, un pareil choix est impossible à faire; et par suite de la non-existence d'une académie, tous les services des bâtimens restent livrés à des chances ruineuses pour le GOUVERNEMENT, même pour les *citoyens.* Un exemple tout récent d'un bâtiment particulier, véritable squelette en ce genre, s'érige à Paris, avec une rare prétention dans sa façade, avec une rare légèreté (1).

On peut le dire, la fureur des systêmes agite toutes les branches du corps social, c'est elle qui met obstacle à la restauration de l'académie d'Architecture; cette fureur de vouloir conserver les innovations en institutions, quoiqu'incohérentes, semble vouloir accélérer :

« Un siècle qui n'est pas arrivé, mais qui arrivera nécessairement, où » la langue française sera une langue morte et où ses écrivains ne seront » plus entendus sans le secours des commentateurs ».

Et, à ce siècle, dont on presse l'arrivée en Architecture, les édifices du 19e siècle, érigés par le régime en vigueur, celui du *pouvoir universel de bâtir* qui ne se doute nullement de ce qui constitue l'Architecture, qui dédaigne la *science de la construction*, ne seront certainement point les commentateurs de l'art de bâtir; ils auront disparu, seulement les beaux et solides édifices des 16e et 17e siecles, et plusieurs du 18e siècle, dépositaires de la *vraie science de la construction;* sans lesquels l'Architecture grecque et romaine ne laisserait aucune trace en France; ces édifices insensibles aux dédains dont ils sont couverts de nos jours, ouvriront aux architectes amoureux de science, le dépôt abondant et précieux de l'instruction.

Car, il faut l'espérer, sans doute qu'un nombre de ces anciens et précieux modèles ne seront pas frappés par la hache des barbares démolisseurs, qui se succèdent, dignes en cupidité, de ceux des époques terribles de 1793, 94 et 95, etc.; toutes nos provinces, hélas! sont couvertes de débris d'édifices de natures et d'espèces différentes, qui meublaient si honorablement notre sol.

_____

(1) J'ignore par quelle main une pareille construction a été tracée; au moment où j'écris, ce bâtiment est parvenu à la hauteur du comble. *L'ordonnance*, la *solidité* sont également sacrifiées dans cette construction.

N'avons-nous pas à regretter la destruction, faite en 1818, du château célèbre de Montmorency, à quatre lieues de Paris, au *nord-ouest?*

« Ce noble édifice, ses superbes portiques, se sont écroulés sous le mar-
» teau des Vandales; c'en est fait, tout a disparu; tout, jusqu'à ces arbres
» magnifiques qui prêtèrent leur ombre protectrice au plus éloquent écri-
» vain du dix-huitième siècle ».

Cependant, à cet égard, que les amis des beaux arts se rassurent, les édifices précieux qui sont encore sur pied, qui *ont échappé au vandalisme révolutionnaire,* et à la hache de la compagnie des démolisseurs; ces mo-dèles en Architecture sont pris sous la protection du gouvernement, et spécialement du ministre de l'intérieur (1). *Le château de Gabrielle ne sera point démoli comme il devait l'être, et le buste de* Henry IV *ne sera point jeté dans un four à chaux.*

Trois sections restent à traiter dans cette seconde partie du discours de la *chute imminente de la science de la construction,* dont les sujets n'influent que trop contre la science en Architecture. Les sections d'ailleurs dont il s'agit, sont liées entre elles; ce sont : la *distinction* de *l'architecte,* de l'*ex-pert* en bâtimens; les *devis estimatifs* selon le nouveau mode; les *vérifications* et les *réglemens* des mémoires.

VI. Distinction de l'architecte, de l'expert en batimens.

J'ai, dans la première partie de ce discours (2), tracé la distinction essen-tielle à faire de l'*Architecte* et du *Bâtisseur;* je dois classer ici les rangs

(1) Son excellence a demandé (en mai   des Inscriptions et Belles Lettres à ce sujet.
1819) l'avis et les conseils de l'académie   (2) Publié en août 1818.

propres à l'*architecte* et à l'*expert* en bâtimens, confondus ensemble depuis la destruction de l'*Académie* et du corps des *jurés experts.* Cependant la différence est grande en natures et espèces des connaissances, que leurs fonctions respectives exigent. Il convient de l'établir.

L'ARCHITECTURE veut chez celui qui la cultive, *génie, science, expérience, talens.*

L'EXPERTISE, toute entière, est *contentieuse, financière;* elle exige instruction sur les *lois* et la *jurisprudence* des bâtimens; des *connaissances pratiques* des *constructions diverses* d'Architecture, savoir le toisé de toutes les natures d'ouvrages.

Aux temps où l'académie fut fondée, les membres qui la composaient étaient des hommes de génie, savans. Aux mêmes temps, le corps des experts fut formé, et ses membres étaient tous versés dans l'étude des lois des bâtimens; tels les *Bullet,* les *Dégodets,* les *de l'Épée* (1); après eux, les *Goupy,* les *Daujeau,* les *Payen,* etc., etc. Ces hommes instruits, estimables, étaient familiers avec toutes les formes juridiques. Un expert alors n'était pas étranger à l'Architecture; il possédait généralement l'exercice du *toisé; Bullet, Dégodets* sont auteurs de bons ouvrages du toisé des bâtimens. *Dégodets,* qui avait voyagé en Italie, publia de plus, en 1682, l'ouvrage célèbre : *les Édifices antiques de Rome,* dessinés par lui-même, d'après nature.

---

(1) L'immortel abbé de l'Épée, l'auteur de *l'institution des Sourds-Muets,* était fils de cet expert des bâtimens de Louis XIV ; l'abbé de l'Épée, cet homme rare, ce véritable ami de l'humanité possédait un revenu de *dix mille francs* de patrimoine, il y a cinquante ans; il les distribuait aux malheureux *sourds-muets,* qu'il instruisait : il vivait chez son frère.

Ce frère, digne successeur de son père, était un expert très-distingué; il a rempli constamment les mêmes fonctions dans le cours de sa vie pour les bâtimens du Roi. Il mourut en 1785; parvenu à un âge très-avancé, il était de l'académie d'Architecture : cette distinction lui fut accordée en raison de la variété de ses connaissances, de son zèle et de son esprit de justice pour le service des bâtimens de la COURONNE.

La diversité, l'étendue des lumières chez les membres de l'Académie d'Architecture, aux premiers temps de sa fondation, avaient établi ce corps illustre, tout à la fois tribunal souverain sur l'observation obligée à faire des principes de la solidité aux édifices publics, même aux bâtimens ordinaires; c'est pourquoi, dans des cas dificiles et importans, l'académie était consultée sur les constructions de particuliers. Aussi, de ces SAGES ET HEUREUSES INSTITUTIONS, de cette division naturelle, établies d'origine entre les *architectes* et les *experts* en bâtimens, il résultait que toutes les propriétés prises dans leur acception générale, avaient dans l'*Académie,* des juges éclairés, justes, qui prononçaient sur les vices majeurs des constructions, et indiquaient les moyens de les réparer. De même, dans tous les points contentieux, *le corps des experts* était défenseur honorable, instruit, des droits respectifs et légitimes des propriétaires de toutes les classes, de toutes les espèces.

Aujourd'hui, l'*Académie d'Architecture,* la *société des experts,* n'existent plus; elles ont péri à la même époque.

Aujourd'hui, la fonction d'expert repose avant tout, sur la taxe d'une patente ! le pourvu de la quittance du *fisc* n'a d'autres études, s'il s'avise d'en faire aucune, que celle de lire le *Code civil nouveau;* comme aussi de prendre des renseignemens sur les tableaux variables, dits *détails d'estimation* des travaux de bâtimens, véritable barême composé de comptes faits pour le *réglement* des *mémoires,* d'après les prix courans des matériaux et de la journée de l'ouvrier. Il en est de même pour les valeurs des *terreins,* des *maisons* et des *grandes propriétés* territoriales; il suffit au *patenté* de connaître le cours des ventes qui s'effectuent journellement, des variantes qui ont lieu, et selon la nature des propriétés qu'il doit estimer; cela s'appèle *valeur vénale,* chez les gens d'affaires en ce genre; il résulte du système actuel des *patentes* appliquées à l'expertise en bâtimens (également exigées de l'artiste architecte); il résulte, dis-je, pour l'*expert* de nos jours, que les connaissances des *lois* de la *jurisprudence* sont nulles; la *patente* est tout, les deux traits suivans doivent à ce sujet paraître ici :

PREMIER *trait.* Un terrein nu à Paris, boulevard du *midi,* dut être

vendu il y a quelques années; deux *experts patentés* (ils doivent l'être absolument) furent nommés pour l'estimation; l'un évalua le *mètre* superficiel
vingt-cinq francs; l'autre, six francs; l'on appela un *tiers expert*, d'après la
loi-à cet égard; celui-ci fixa la valeur du *mètre* de ce même terrein, à huit
francs; il ne fut payé que ce prix.

SECOND TRAIT. Un édifice considérable et consacré uniquement au public,
vingt-cinq ans après sa construction, devant être acquis, il y a *douze années*,
par le GOUVERNEMENT; à cette fin, trois experts dûment *patentés*, furent
nommés pour verbaliser et estimer. Le premier des *experts* porta la valeur
de l'édifice à deux *millions de francs*; le second, à *neuf cent mille francs*;
le troisième, à *quatorze cent cinquante mille francs*, estimation qui dut
être admise.

ET, ce qu'il faut remarquer, ce vaste bâtiment est des plus vicieux dans
ses constructions; je l'ai jugé tel dans le temps, et par ORDRE, sur les pièces
authentiques qui me furent transmises pour établir mon avis, et consigné
dans un registre public. Je dois le dire aujourd'hui, d'après ce que j'en sais:
le terme ne peut être éloigné où de grands travaux devront s'y effectuer;
les moyens provisoires mis en œuvre jusqu'à ce jour, dans ce bâtiment,
contre les accidens, sont épuisés; la prudence commande d'entreprendre des
travaux importans en confortations.

AJOUTONS aux observations précédentes sur l'état actuel des *experts* patentés en bâtimens, que ces *messieurs* ne se bornent point à prononcer sur
la valeur des *maisons*, des *terreins*, dans les villes; ils ont le droit, en vertu
de leur *patente*, et ils l'exercent, d'estimer les *forêts*, les *vignobles*, les
fermes, n'importe les provinces où ces diverses propriétés existent: ces
patentés, toujours en vertu de la quittance du *fisc*, qu'ils ont payé, prononcent même sur les parties quelconques d'*art* et de *science* en Architecture.

Exemple:

UN des points de construction à juger au milieu de la foule qui en existe

10

du même genre, se présente (en 1816) dans un établissement public de Paris. L'architecte chargé des bâtimens qui en dépendent, détermina par des plans, la nature et l'espèce de l'opération à faire; et voilà qu'un *expert*, grand *estimateur*, s'affublant du manteau scientifique, s'explique à son insçu, auprès de l'AUTORITÉ, en ces termes :

« L'architecte de l'établissement est en règle; il propose des moyens que
» les principes indiquent; mais il en fait ici une application trop rigou-
» reuse. Si une pareille opération était à faire dans un bâtiment de parti-
» culiers, l'opération ne se ferait point. »

En bien! la destruction survenue dans la partie de bâtiment jugée ainsi par *monsieur l'expert*, trois semaines à peine écoulées, mit en évidence toute la raison des travaux proposés par l'architecte ordinaire, et tout à la fois l'inconséquence de l'opinion du *patenté*.

L'on eut recours aux plans de l'architecte de l'établissement; ils ont été exécutés en 1817 (1).

Poursuivant l'examen des qualités différentes de l'*architecte* de celles de l'*expert*, observons-le :

La réunion de *deux experts* suffit pour résoudre les points contentieux; et s'ils se trouvent en dissentiment sur la matière de leurs opérations, chacun dit : telle est mon *opinion*. Mais, comme on le sait, *opinion n'est pas raison*; alors un *tiers expert* arrive, il départage les *opinions*; le temple de THÉMIS est ouvert, les formes étant remplies, un jugement est prononcé. Faut-il hélas! que les formes emportent le fond.

Il en est tout autrement dans les questions qui traitent de *l'invention* et de la *construction* en bâtiment. Un seul architecte, s'il est savant, pourvu

_____

(1) Cette question reparaîtra dans mes recherches sur la construction des hôpitaux.

d'un goût sûr, d'un jugement sain, et d'une grande expérience, saura résoudre les points les plus difficiles de l'art; et cependant jamais il ne dira : telle est mon *opinion*. Il motivera son avis, il exprimera ses conseils avec précision; il donnera la démonstration la plus claire de ses mesures toujours puisées dans les principes propres à la question qui lui est adressée, et qu'il aura méditée, approfondie; et si, de nos jours, il existait une Académie d'Architecture, ce serait le tribunal unique auquel il en appellerait en garantie de son prononcé, et non pas à une association de quelques priviligiés, *gens de pure faveur*, comme celle qui existe depuis la révolution, en substitution à l'Académie, et quoique qualifiée de ce titre.

RÉPÉTONS-le. Il n'existe plus en France de réunion constituée en Architecture, quel qu'en soit le titre, capable de commander à l'architecte habile, savant, la considération spéciale et particulière du talent, de la science.

IL résulte de tout ce qui vient d'être exposé que la différence est totale entre *l'architecte* et *l'expert* en bâtiment; différence établie pour la nature des travaux qu'ils doivent remplir respectivement; différence déterminée au dix-septième siècle; par la création de *l'académie d'Architecture*, et par l'établissement *des jurés experts*.

AUSSI on le sait, avant nos troubles civils, alors que toutes les classes de la société étaient circonscrites dans des corporations sagement constituées, alors les questions qui relevaient de *l'art* et de *la science* en Architecture, lorsque des difficultés graves s'élevaient, surtout celles qui intéressaient les édifices publics, le GOUVERNEMENT les adressait à *l'Académie*; tribunal souverain et en dernier ressort.

A ces temps muris par l'expérience, et dirigés par elle, les affaires contentieuses en bâtimens, étaient l'attribution spéciale des *jurés experts*; le nombre en était limité; et généralement, les sujets étaient choisis entre les plus capables, par le corps entier, lors de la vacance des places; et la finance exigée des récipiendaires, était un véritable et utile cautionnement. C'est

10.

ainsi que le fisc ne perdait rien ; et le corps des *experts* était la sauvegarde des propriétés.

Oh ! l'étrange perfectionnement en Architecture , et en affaires de bâtiment , opéré de nos jours ! *l'impôt* seul d'une *patente* suffit pour le libre et plein exercice de toutes les branches qui dérivent du tronc principal de cet art. Sans une *patente*, point *d'architecte* ; sans elle , point *d'experts :*

Il est évident , par tout ce qui précède , que l'Architecture , art libéral , et nullement *mécanique* , nullement *industriel ,* comme elle est jugée de nos jours si légèrement ; enlacée qu'elle est de liens , par ce *pouvoir unique* qui l'opprime , et dont les ramifications multipliées décrites dans ce même discours, sont autant de filets qui la couvrent, l'Architecture est encore soumise à la *taxe d'une patente* qui ne devrait concerner que les seuls gens d'affaires en bâtimens, que les *bâtisseurs* qui s'occupent avant tout de produits *d'argent* à obtenir de leurs entreprises ; car , comme ils s'en expliquent franchement , *l'argent* est leur but principal : l'état actuel donc de l'Architecture met l'artiste qui la cultive , dans l'impuissance de satisfaire avec le calme nécessaire aux besoins de l'état , ni dans ses *compositions* ni dans ses *constructions.* Fasse le ciel , à cet égard même , qu'une meilleure organisation de l'ordre des Architectes s'effectue : les vrais amis des beaux arts le desirent pour l'Architecture , et tout à la fois pour l'intérêt de la société ; ils repoussent la patente (1).

Il est également vrai , on le sait , que le droit de *patente* d'architecte est de même imposé aux *experts* en bâtimens. Ainsi , la partie proprement dite contentieuse , celle soumise à l'action des lois , n'a et ne peut avoir aucun appui sûr ; la *patente* lui porte aussi une atteinte mortelle.

---

(1) « Il est des genres d'impôt qui , par » le mode de perception, irritent autant » l'amour propre qu'ils blessent l'intérêt » personnel.» Pensée juste , extraite d'une feuille périodique , 7 août 1819.

RENAISSEZ , association *d'experts ,* soyez composée d'hommes instruits, éclairés dans les affaires de bâtimens , et dont l'espèce n'est pas détruite. Tels sont les vœux des gens qui savent apprécier les bonnes institutions en ce genre.

MAINTENANT , d'après la distinction établie entre *l'architecte et l'expert* en bâtiment , je conseille au premier de ne jamais se livrer à l'expertise , distrait qu'il serait nécessairement, des études directes de son art.

DE même , j'invite l'expert à ne point s'introduire dans la classe des *Architectes,* de ceux capables de composer et d'exécuter leurs propres dessins. *L'expert,* à cet égard , ne peut remplir que le rôle du *geai* de la fable; et, quelques succès en finances que cette invasion lui procure , ils ne dérobent nullement son déguisement, son usurpation.

JAMAIS *l'expert* par lui-même , ne sera capable de concevoir, de tracer le plan d'un édifice public, même de particuliers , et tel que la science, le goût le requièrent; jamais il ne pourra concevoir et combiner selon la science de bâtir, fût-il toiseur, appareilleur habile, les moyens de confortation, de restauration de quelqu'importance; ce sont des travaux au-dessus de ses forces intellectuelles : dans ces cas il faut des *aides* que la plus misérable politique lui fait tenir dans l'ombre; *aides* que nulle science, nulle ardeur ne peuvent diriger; qui d'ailleurs sont en général injustement traités par le *bâtisseur, dit architecte.* Voilà les produits du droit de *patente* qui , depuis nos *nouvelles institutions,* constitue *l'expert* et *l'architecte* tout ensemble (1).

---

(1) Le trait suivant est à citer, à ce sujet : un *expert bâtisseur* de plans qu'il disait être *siens ,* visitait un jour les travaux d'une maison qu'il érigeait , accompagné par le propriétaire; il trouve son *faiseur,* traçant diverses distributions selon les plans adoptés par lui *bâtisseur* et acceptés par le *payant.* Aussitôt le *patenté* s'approche du *dessinateur,* lui arrache des mains *l'équerre* et la *règle,* en lui reprochant de mal opérer ; le bâtiment était très-avancé. Le *bâtisseur,* architecte, pouvant se passer de son *teinturier,* lui donna congé. Ce fait est cons-

Ces réflexions indiquent assez l'incompatibilité des fonctions de l'*expert* proprement dit, de celle de l'*architecte artiste*.

Et dans le cas même, où un *expert* dans sa jeunesse aurait suivi des cours d'Architecture avec quelque distinction; dès qu'il a paru sur la scène des *affaires* contentieuses, comme *bâtisseur , toiseur , vérificateur , estimateur* enfin, il ne sera jamais qu'un architecte médiocre. Il est impossible de conduire de front, des opérations d'*argent* avec les productions du *génie* et de la *science* en Architecture.

Si l'on opposait que les architectes d'un talent distingué se livrent de nos jours à l'expertise, je répondrais : je le sais; mais je ne puis approuver une mesure qui nuit à leur art; j'en ai toujours jugé ainsi, pour mon propre compte, je puis le dire, quelques avantages pécuniaires que ce genre d'affaires dût me produire, et qui m'ont été offerts par l'Autorité elle même (1).

Le droit de *patente* dite d'architecte, ne peut profiter au *fisc* qui l'exige des *artistes ,* contre l'intérêt raisonné, bien entendu du trésor public; ce droit de *patente ,* d'après les bases les mieux établies par des écrivains ins-

---

tant; je le tiens du jeune homme lui-même, qui vint me voir pour être occupé dans mon bureau; il *était* vivement affecté de l'injustice de l'architecte , *au titre de sa patente.*

(1) A la vérité , depuis la fameuse et dernière organisation en Architecture , source *du pouvoir universel de bâtir ,* et qui vient de reprendre une nouvelle vigueur , l'expertise est la seule ressource des architectes qui veulent vivre , *primo vivere ,* et qui d'ailleurs , n'ont nulle envie de porter le joug du *fameux pouvoir.* Mais aussi, et bien fâcheusement , le ta-

lent pour ceux qui le possèdent, s'affaiblit, si même il ne s'éteint pas.

Je plains les architectes qui en sont réduits à suivre une pareille route que la nécessité ne recommande que trop aujourd'hui.

Observons que l'académie , détruite, n'aurait pas souffert qu'aucun de ses membres exerçât la fonction *d'expert.* Avec une nouvelle académie , il faudrait *opter,* comme il en était, à raison d'incompatibilité dans l'exercice de deux états si différens entre eux , pour le fond.

truits, produit à peine en totalité la somme de *trente-six mille francs* par année, en admettant pour la France entière le nombre le plus élevé des *vrais architectes*.

Il en est de la *patente* d'architecte, comme de ces diplômes de création nouvelle, qui confèrent à celui qui les reçoit, en payant une somme de... « *facultatem et puissantiam saignandi, purgandi, taillandi et.... impune per* » *universam terram* ».

Le droit de *patente* enfin, qui confond l'*architecte* avec le *bâtisseur*, légitime la juste remarque d'un administrateur éclairé, ardent pour l'intérêt public, qui s'explique ainsi :

« Le propriétaire parisien n'est plus que le tributaire des architectes (pa-» tentés); son revenu va s'engloutir dans les carrières de la banlieue, trop » heureux quand ses autres capitaux n'y sont pas entraînés par des recons-» tructions ruineuses (1) ».

Terminons cet article sur l'*architecte* et l'*expert* en bâtiment, par observer que c'est envain que tels journaux ont récemment célébré, en mai 1819, des décorations nouvelles faites dans des lieux fréquentés par le public, où les dorures, les glaces brillent, éclatent de toutes parts; décorations dirigées par M... *vérificateur de bâtimens*.

De telles décorations n'ont rien de commun avec l'*ordonnance*, avec l'*harmonie linéaire* qui en fait le charme ; elles sont l'ouvrage du *doreur* et du *miroitier*, dont sans doute le *vérificateur* aura réglé les mémoires.

---

(1) Situation des finances au vrai, page 67. Paris, avril 1819.

~~~~~~

VII. Des Devis estimatifs.

Ils sont contraires à la solidité et à l'économie.

Le but de cet ouvrage est le rappel au véritable ordre dans toutes les parties du régime des travaux des bâtimens ; à celui seul capable de réduire les causes *directes et indirectes* qui agissent aujourd'hui contre la *science* de la *construction ;* causes qui favorisent si fâcheusement les travaux les plus dispendieux, les plus inconsidérés, les plus éventuels. Or le rappel de l'ordre desirable ne peut s'effectuer avec le mode tant en vogue, la production des devis estimatifs des travaux quelconques, avant leur exécution ; mode qui ajoute un poids réel dans la balance, pour précipiter la *chute de la science.* Proportion que je vais démontrer.

Je dis qu'il n'est point de mesure plus fausse en administration de bâtiment, que ces devis exigés pour connaître et fixer le terme des dépenses à faire ; ils laissent toujours flottante, incertaine, leur quantité, même approximative, après l'achévement des travaux ; ce mode n'y apporte de limite qu'en *faisant mal.*

L'ordre essentiel à cet égard, pour les finances, se réduit à ce que toute administration ne commande que les seuls travaux obligés des *entretiens* et des *réparations ;* à n'en jamais retarder l'exécution par aucune considération *d'argent.* Les travaux que le service public exige, ceux que la conservation de bâtimens commande, leur exécution, ne peuvent, et ne doivent dépendre du degré de la dépense qu'ils doivent occasionner, et qui toujours a sa limite, quand ces travaux sont dirigés par un architecte savant, expérimenté. L'insouciance sur les talents, les connaissances positives de l'architecte choisi, concourt merveilleusement d'ailleurs à la nullité de tous les devis estimatifs, par les raisons qui vont être exposées.

En première preuve de l'impossibilité de faire à l'avance des devis pour les travaux de restauration, de leur inutilité, le fait suivant est à citer :

Des opérations, dont j'ai dit un mot précédemment, ont été faites *en mai et juin de cette année* 1819, dans les bâtimens de la boulangerie générale des hôpitaux de Paris, (Scipion). Entre ces divers travaux, un plancher des greniers à farines, dut être surbaissé ; il ne s'agissait d'abord et avant l'exécution, que des *frais* pour la *dépose* et repose du même plancher ; ils avaient été calculés à ces deux fins seulement ; et devaient l'être ainsi.

Mais, voilà que, dans le cours des travaux, tous les bois de ce plancher, mis à découvert, se trouvent dans une décomposition totale ; de plus, la poutre qui portait ce plancher, avait l'une de ses portées réduite en poudre, et l'autre échauffée.

Or, il a fallu reconstruire à neuf le plancher ; et, par une conséquence nécessaire, les quantités n'étant plus les mêmes, le devis estimatif qui annonçait les dépenses pour cette réparation est devenu nul. Voilà une force majeure ; et ce cas est journalier dans toutes les opérations de cette espèce.

Quant aux constructions neuves, étendues, l'ordonnateur ne doit s'y livrer que lorsqu'il dispose de sommes nécessaires, *pour bien faire, pour bâtir solidement.*

C'est dans cet esprit que l'administration de l'hôpital général se conduisit en 1782, pour les grandes constructions des loges de la Salpêtrière, que le gouvernement lui-même avait prescrites par des lettres patentes du Roi.

A cette époque, je lui présentai les plans qu'elle m'avait chargé de tracer ; elle les accepta ; mais, d'après des calculs approximatifs, toujours possibles pour cette espèce de travaux totalement neufs ; des calculs établis sur mes dessins, et d'après les devis de *construction* que j'en dressai moi-même, la *dépense présumée* devant excéder *six cent mille frans,* l'admi-

11

nistration retarda de deux années l'exécution de mes plans ; puis , après ce laps de temps , les fonds principaux étant recueillis , elle m'ordonna de bâtir (1).

Ici, je distingue les devis de *construction* , des *devis estimatifs*. Les premiers sont l'ouvrage seul de *l'architecte constructeur* ; s'il ne les sait pas composer selon *la science* , il n'est qu'un imagier en Architecture ; les seconds sont l'ouvrage du toiseur proprement dit , et basés sur les premiers, selon les plans, coupes et élévations.

Par les devis de *construction* , l'architecte fixe la nature, les quantités de travaux à faire selon le module , et d'après la distribution de *l'édifice neuf* qu'il doit bâtir ; il prescrit les qualités des matériaux à mettre en œuvre ; il désigne l'espèce de l'appareil des pierres, celui des bois, etc ; toutes données qui déterminent les mesures légitimes des dépenses à faire en ce genre ; et dont les calculs du toiseur atteignent le plus près possible le total effectif, sauf les accidens qui surviennent, impossibles à prévoir.

C'est ainsi que, par la nature de ses fonctions , l'architecte est le régulateur nécessaire des sommes à payer. Et, comme la composition de cette espèce de devis repose sur la *science* et *l'expérience* , il faut être essentiellement *constructeur* pour cela. Sans ces devis spéciaux il n'existe aucune garantie ni pour la *solidité* de l'édifice, ni pour les *dépenses* qu'il doit occasionner , quelqu'exercé que soit le *toiseur* chargé d'en dresser les devis estimatifs qui constituent son travail propre. C'est ainsi que l'insouciance régnante sur le choix d'un architecte concourt à rendre illusoire tout devis estimatif.

(1) L'administration de l'hôpital général pour les travaux d'entretiens, de réparations nécessaires dans les vastes édifices de la Salpêtrière , de Bicêtre , de la Pitié, etc., en fixait les dépenses moyennes, par an, *à deux cent mille francs*, mesure qui lui a constamment réussi. Car , telle année, les dépenses s'en élevaient à *deux cent vingt mille francs*, et telle autre , à *cent quatre-vingt mille francs*, et au-dessous, et toujours selon les besoins pour la conservation des bâtimens ; objets spéciaux de sa surveillance.

PLUT aux Dieux ! que l'homme PUISSANT, L'ORDONNATEUR suprême, aper-
çussent la vérité de ces définitions d'un aussi grand intérêt pour l'exécution
des travaux publics et les finances de L'ÉTAT.

LES *devis estimatifs* , comme on le sait , consistent en calculs *arithmétiques* qui présentent les totaux des quantités résultantes en *cube* , en *superficie* , en *poids* de matériaux divers à mettre en œuvre , décrits , détaillés
dans le devis des *constructions* pour les plans à exécuter ; toutes quantités
appréciées dans les devis estimatifs , selon les prix qui ont cours à l'époque
même de la formation. Les devis de cette espèce , et ce travail purement
matériel , reposent en entier sur la connaissance pratique du toisé des bâtimens.

DONC les devis de construction diffèrent totalement des devis *estimatifs* ; les premiers , pour être dressés avec succès , exigent évidemment la
science de *l'art* ; les seconds veulent, pour l'exactitude des calculs, l'exercice
du toisé et la connaissance de la valeur des différens matériaux , instruc-
tions qui n'ont rien de commun avec la *science* en Architecture.

CEPENDANT aujourd'hui on demande aux Architectes des *devis estimatifs*, quoique le nouveau mode administratif en bâtiment ait soustrait le
toiseur à leur direction , sans laquelle celui-ci ne peut opérer en connaissance de cause , mais routinalement.

POUR obtenir des devis *estimatifs* , applicables à des édifices nouveaux, qui
soient raisonnés et nullement hypothétiques , il faudrait que l'architecte
savant , comme il en était avant les nouvelles *institutions* en ce genre ,
disposât de ces agens secondaires, les *toiseurs* , les *vérificateurs* , ce qui
n'est plus. Le mode nouveau est totalement vicieux ; il ne peut rien produire d'utile pour le fond , en comptabilité , les sommes seulement sont
remplies.

MAIS les difficultés pour obtenir des devis de construction , s'accroissent
de plus en plus ; les études *théoriques* de l'Architecture sont abandonnées ,
assertion incontestable , et prouvée dans ce même *discours* ; or, sans l'assis-

11.

tance de ces *études*, l'on ne peut juger de la *puissance* et de la *résistance* en construction ; donc sans elles , il est impossible de déterminer les quantités diverses de matériaux à employer dans un bâtiment ; de plus , les architectes formés par les *anciennes études sur la théorie* qui constitue *la science* de l'art, et non pas son histoire que les livres apprennent à ceux qui veulent lire; ces *architectes savans*, disons-nous, se précipitent successivement dans le tombeau; ils ne peuvent être remplacés ; donc plus *de devis de construction* pour l'avenir.

Conséquemment, point de devis estimatifs satisfaisans à obtenir pour aucune construction nouvelle, quelle qu'elle soit. Les *toiseurs*, les *vérificateurs* les plus capables comme tels, sont dans l'impuissance absolue de suppléer, par leurs calculs, aux *devis de construction* que l'architecte doit composer lui-même sur ses propres plans à construire. *Si ces toiseurs exercés* prétendaient pouvoir s'en passer, ils seraient dans l'erreur la plus complète ; *leurs* opérations n'auraient point de bases raisonnées; leur présomption les rendrait trompeurs involontaires , les conséquences n'en seraient pas moins fâcheuses.

Les devis estimatifs, ceux exigés maintenant, sans exception de l'espèce des travaux à faire en bâtiment, on peut le dire, ont été inspirés aux *perfectionneurs* par la *méfiance*, depuis le bouleversement général de la société.

La méfiance qui conduit à des incertitudes et à des hésitations nuisibles au bien public , cette triste passion, commande toujours avec le plus grand empire dans les affaires de bâtiment. Aussi, malgré le prétendu bouclier des *devis estimatifs* dont l'on est armé , les *faiseurs* consultent néanmoins de toutes parts pour les plus minces travaux, à compter du *manœuvre*, jusqu'au *maître* qui le paie ; et comme il en doit être de pareils avis, de tels conseils , donnés par des individus sans titres en savoir , toujours la route la meilleure à suivre, pour réduire *la dépense* et construire avec *économie,* reste inconnue ; donc la *méfiance , loin* de garantir d'erreurs dans les travaux à exécuter , les multiplie au contraire.

Voilà comment les devis *estimatifs,* prescrits généralement par le mode administratif en vigueur , sont destructeurs de' la sience de la *construction.*

LES devis estimatifs actuels sont très-favorables aux ignorans qui promettent tout, impuissans qu'ils sont de rien faire de bien en Architecture, quels que soient le vernis et les cadres dont ils accompagnent leurs dessins; et sur de simples figures les *toiseurs* font des devis estimatifs et hypothétiques. C'est ainsi que la somme exigée est remplie; et, dans l'état actuel, il n'en peut être autrement.

AUSSI, dans l'impuissance où se trouvent ces sortes d'architectes avec leurs devis estimatifs, d'opérer sur des bases positives, les calculateurs n'ont de ressources qu'en élevant les sommes à dépenser. C'est ainsi qu'il peut arriver que les mémoires des travaux exécutés, estimés à l'avance, peuvent se trouver même en demande, au-dessous du total porté dans les devis estimatifs (1).

JE dois dire cependant à ce sujet, que les administrateurs les plus éclairés, réfléchis, qui desirent sincèrement l'ordre, ces hommes sages, considèrent le régime actuel seulement comme *provisoire*; ils savent que le temps qui découvre tout, exposera tôt ou tard au grand jour, les dangers des nouveaux systèmes en administration des bâtimens; et, à l'égard des *devis estimatifs*, ils pensent que l'application qui s'en fait aux travaux mêmes des *restaurations* et des *réparations,* porte une atteinte nécessaire à l'à-propos, et aux convenances locales que la *science* impose; un esprit observateur leur prouve cette importante vérité.

AUSSI, ces ADMINISTRATEURS jugent-ils les *devis estimatifs* des pièces d'écritures, remplies de *dires,* de *calculs* sans bases réelles. C'est pourquoi, ils ne s'avisent point de croire que les dépenses constatées par les vérifications les plus rigoureuses en comptabilité des travaux publics, atteignent pour le

---

(1) J'ai connu un individu très-protégé, comme architecte, parfaitement ignorant; il s'était acquis une réputation auprès de grandes AUTORITÉS, par l'espèce des devis toujours très-élevés, que lui fabriquait son toiseur. De cette exagéra-tion, il résultait que les travaux, après l'exécution, étaient réglés à des sommes inférieures au total des devis estimatifs faits à l'avance. Quel talent merveilleux! ou plutôt, quelle charlatanerie!

fond, la véritable *économie;* ils savent également que les tableaux tout neufs, tracés à colonnes, dans lesquels la seule curiosité est satisfaite en voyant d'un coup d'œil les totaux des sommes dépensées, de telle sorte, qu'elles se trouvent correspondre rigoureusement avec les sommes consenties dans leur emploi ; ils savent que ces tableaux sont de *simples images.* Enfin, ces *administrateurs* habiles condamnent dans leur intérieur, ces moyens si recherchés pour l'apurement des comptes; et ils n'adoptent ces moyens, que comme un sacrifice qu'ils font pour le moment, *aux mœurs dominantes.*

Je ne nommerai aucun de ces MAGISTRATS distingués par leur rang, leurs lumières et leur esprit, que mes fonctions m'ont mis à portée de connaître. *La justice* seule, et non *la flatterie,* m'ordonne d'en faire ici mention.

Il est évident par les définitions qui précèdent, que *la raison, la régularité,* dans les dépenses des constructions de toutes les espèces que les bâtimens publics nécessitent, ne peuvent exister si les travaux n'ont point été exécutés sur des plans tracés selon *la science de l'art* par l'architecte, et conduits par lui, sans l'intervention d'aucun agent quelconque, ni avant, ni dans le cours des travaux.

Car c'est par les principes, que l'architecte, homme de génie, sait résoudre la foule des problêmes qui se présentent dans les constructions de toutes les espèces, et qui se succèdent journellement; solution de laquelle résultent des quantités qui engendrent plus ou moins des dépenses obligées.

Sans les talens de l'architecte, ce n'est pas ici une vaine redite, il n'y a point de garantie du bon emploi des sommes *d'argent* qui sortent des caisses publiques pour les travaux de bâtiment (1).

_____

(1) Il est plus d'une opération en ce genre, entreprise selon toutes les formes voulues : *devis produits en maçonnerie, charpente, serrurerie,* etc., par nos grands *faiseurs* en bâtimens, et dont les dépenses se sont élevées au *double,* au *triple,* au-dessus *des devis du toiseur;* et dont les constructions sont dignes

Donc, pour réduire les dépenses de cette nature à leur véritable terme, il importe avant tout, que l'artiste chargé des travaux, ait un vrai talent, qu'il soit maître de ses constructions ; car il en est l'administrateur de *fait;* ainsi le veut la nature des choses de toutes les parties qui constituent un bâtiment; sans cette condition, je ne saurais trop le répéter, point de mesure dans les sommes à employer; sans elle, rien, sinon des pierres, du bois, des fers, mis en œuvre et en pure perte.

Le trait suivant doit paraître ici :

La *légéreté*, la *témérité* en construction, viennent de puiser dans le régime obligé des *devis estimatifs anticipés*, une raison apparente au moins, des mouvemens considérables survenus dans un monument public, tout récemment construit, distant de Paris, de *quelques milles*, sur lequel une feuille périodique s'est expliquée en juillet dernier.

Et cependant, la *science de la construction*; l'*intérêt raisonné* de tous travaux de bâtiment; la *loi* qui les concerne, défendent de ne jamais rien hasarder contre la *solidité;* soit dans les édifices publics, soit même dans les bâtimens des particuliers.

D'abord, à l'égard de celui dont il s'agit, les réfections auxquelles on se livre dans ce moment, absorbent de l'argent ; néanmoins ses points faibles, par elles en vain réparés, resteront toujours disposés au mouvement; la nature des corps le veut ainsi dans l'espèce de ces constructions. Il aurait fallu avoir recours à des moyens de confortations bien appropriées aux parties portantes, au lieu de venir à leur secours en allégeant le fardeau dont elles sont chargées, comme on le fait.

Il serait bien à desirer que les hommes d'état et les plus influens, re-

d'eux, de leurs agens, comme architectes, par les vices de toute nature qui les caractérisent, qui entraînent et nécessitent ré-. *fections* sur *'réfections*. Les établissemens publics offrent de nos jours une foule d'exemples de ce genre.

connussent toutes les fausses mesures administratives qui dirigent aujourd'hui
les travaux publics; qu'ils rappelassent le mode ancien si naturel, et qui
devrait encore présider à leur exécution. Point de devis applicables aux
confortations, aux entretiens ordinaires, impossibles à obtenir; ce qui vient
d'être prouvé et par le raisonnement et par les faits; avec le mode ancien,
tout marchait dans une bonne voie; tandis que le régime actuel parcourt
une route sinueuse. Avec les devis estimatifs, jamais l'on n'atteindra le but
desiré; donc, il faut cesser d'exiger ces sortes de *devis estimatifs;* donc, il
faut en administration chercher les talens chez l'architecte. Les vieilles *institutions* qui les exigeaient, étaient bonnes; et les auteurs qui les avaient
établies s'entendaient bien en régime de bâtiment; soyons justes envers
eux.

C'est dans l'esprit de ces *institutions ,* détruites en 1792, que les anciennes
ADMINISTRATIONS de l'Hôpital général n'exigèrent jamais de *devis estimatif,*
pour les travaux d'*entretien* et de *restauration;* mais il fallait leur en produire, dès qu'il s'agissait de grandes et importantes constructions nouvelles;
condition qui m'a constamment été imposée, et dont je viens de faire une
mention spéciale dans ce même article des devis estimatifs.

VIIe. DES VÉRIFICATIONS ET DES RÉGLEMENS DES TRAVAUX.

L'on sait que les ouvrages de bâtimens, après leur exécution, sont soumis
à des vérifications; elles en sont une suite nécessaire, malgré les devis produits à l'avance ; cette mesure est de tous les temps, et inhérente aux travaux de bâtimens quelconques; la négliger, est s'exposer à payer sans
compte et sans règle. Il faut ici en dire un mot, et préciser en quoi consiste ce
genre de travail; cette explication est d'autant plus nécessaire, qu'en AD-
MINISTRATION, aujourd'hui, on juge le *vérificateur,* comme le vrai *régulateur*
des dépenses, ce qui ne peut être : proposition déjà éclaircie par l'article précédent.

Les vérifications, les réglemens, si merveilleusement organisés de nos jours, nous assure-t-on; sur lesquels, d'après les *organisations nouvelles,* l'architecte ne peut influer en rien; les vérifications ne sont qu'un accessoire pour la comptabilité en bâtimens. Car, de même que la règle de l'*addition* en arithmétique, donne le total que diverses sommes déterminées et réunies doivent produire; de même les *vérifications* constatent les natures diverses des travaux exécutés, leurs quantités, leurs dimensions; ma's elles ne peuvent garantir si les dépenses ont été faites selon des proportions étudiées, suffisantes, que prescrivent l'*art* et la *science* pour la *solidité;* conséquemment, les degrés plus ou moins *faibles,* plus ou moins *bons* des constructions, ni même le vrai degré dans la manipulation exigée par les plans et dessins de l'architecte; toutes parties qui ne sont nullement du ressort du *vérificateur* et ne peuvent l'être, le toisé des travaux de bâtimens, la pratique ne donnant point le *génie, la science de la construction.*

Quant aux *réglemens* des ouvrages, sur lesquels les soins de la main d'œuvre, en général si irréguliers, devraient influer, qualité qui ne peut être aperçue que par le *vérificateur;* ils doivent être basés sur les valeurs des *matériaux* et de la *journée* des ouvriers, qui ne dépendent point du *vérificateur,* mais de circonstances diverses.

C'est pourquoi, observons-le, les prix des matériaux, ceux des journées éprouvent des variantes dans l'application faite par les estimateurs les plus exacts. Car aucune loi ne régularise ces prix, ni ne les constate authentiquement; loi d'ailleurs impossible à observer, si elle existait.

Ainsi donc, les vérifications ayant été faites avec exactitude, et telles que les travaux se poursuivent et comportent, l'exécution est toujours regardée comme bien traitée; considération générale prise du déchet plus ou moins grand de la matière, de l'emploi du temps pour l'exécution des travaux extraordinaires, dans cette hypothèse.

Si les réglemens sont établis sur des points admis, reconnus, les prix du temps où les matériaux ont été employés, ceux des journées à l'époque des travaux;

Si le *bâtisseur* a opéré avec fidélité, selon les règles qui lui sont imposées comme tel, pour la manipulation, et qu'il doit connaître ; le payement intégral lui en est dû. Voilà à quoi se borne le travail du *vérificateur*. *Nihil ultra*.

Et, de même que la valeur des marchandises de *toile*, de *soierie*, de *draperie*, etc., etc., quoique déterminée selon leurs espèces, d'après le cours du commerce à l'époque de la vente, peut néanmoins éprouver un rabais plus ou moins considérable par des circonstances quelconques, et quoique ces marchandises soient considérées être de bonne qualité ;

De même, les ouvrages de *maçonnerie*, de *charpente*, *serrurerie*, *menuiserie*, etc., etc., quoique réglés selon les prix courans, sont susceptibles de diminution : il peut arriver que des entrepreneurs par des raisons quelconques, souscrivent vis-à-vis d'un *propriétaire*, à une réduction au-dessous des prix ordinaires, de ceux qui lui seraient accordés par les tribunaux. Dans ce cas, le *vérificateur* le plus exact ne peut rien sur la fixation arbitraire et définitive consentie de la sorte, du prix des travaux exécutés ; il n'en peut recevoir aucun reproche.

Cette remarque incidente n'est nullement déplacée, d'après certains arrangemens particuliers qui ont eu lieu de nos jours, et que je devais annoter.

Mais quant aux vices de conception dans le plan de l'édifice ; quant aux erreurs commises contre la science de la *construction*; quant à l'absence, dans les masses, des proportions nécessaires à la *solidité*, (toutes choses pour lesquelles de nos jours, il est vrai, l'on n'a nul souci, dans les bâtimens publics même, ainsi que les faits cités précédemment l'ont démontré); le *vérificateur* qui n'en peut être le juge n'en répond point ; la loi ne peut l'atteindre : si la loi ne restait pas simplement *comminatoire* aujourd'hui, son action se dirigerait sur les ORDONNATEURS seuls, qui ont pris trop légèrement sur eux, et se sont en réalité constitués architectes directs des édifices, et ont fait opérer à leur gré.

Donc, les *vérifications*, *les réglemens* ne sont point les garans de la bonne construction des bâtimens, quoique faits par les toiseurs experts les plus capables, et d'une exactitude louable ; envain donc, l'on attribue à la *véri-fication* l'ordre essentiel pour toutes les dépenses des travaux en bâtiment, dont les *vérificateurs* déterminent les quantités *d'argent* à payer, sans aucun égard à ce que les travaux soient *bons* ou *mauvais*, puisque cela ne peut-être de leur ressort.

Certainement les constructions faites à l'Hôtel-Dieu, il y a vingt ans, toutes vicieuses qu'elles étaient; quoique redoutables et dangereuses pour la vie des nombreux malades qui occupaient le bâtiment dont il s'agit; tous ces travaux de natures et d'espèces différentes ont été payés aux *bâtisseurs respectifs* qui les ont éxécutés; les vices ne pouvaient leur être imputés ; ils sont, ainsi que les *vérificateurs*, étrangers aux dépenses qui viennent d'être faites, qu'il était impossible d'éviter, et qui anéantissent toutes celles justement payées, quoique mal appliquées.

La différence cependant, j'insiste sur ce point, est totale entre les *devis estimatifs* et les *vérifications :* celles-ci sont de toute nécessité à remplir, ceux-là sont non-seulement inutiles, ainsi que je l'ai dit, ils sont de plus nuisibles et dangereux pour la *solidité* des bâtimens, appliqués aux *restaurations, confortations et entretiens* quelconques; les *devis estimatifs* ne doivent être faits, répétons-le, que pour les édifices totalement neufs; et, pour en établir des calculs approximatifs satisfaisans, il faut des *devis de constructions* préalables ; et, comme nous l'avons dit, sans architecte *savant, expérimenté*, point de devis de *construction*. Toutes les organisations possibles en régime des bâtimens ne peuvent suppléer *l'artiste* d'un vrai talent, celui qui possède et l'*art* et la *science :* et il est impossible à l'autorité la plus puissante, de procurer à ses agens architectes, les qualités, les talens qu'ils ne possèdent point. Il faut donc choisir un architecte d'administration publique, d'après les différens titres qui prouvent sa *science, son expérience*.

IX. RÉCAPITULATION.

J'EMPLOYERAI, je le puis, en commençant l'extrait des deux parties qui composent ce discours, les nobles expressions de l'auteur sensible et délicat qui naguère disait :

J'ÉCRIS sans haine contre personne, sans prévention pour les choses.

DANS toutes mes discussions sur l'art, je reste indépendant de tout préjugé de métier; je me renferme constamment dans ma compétence; jamais je ne me livre à un jargon *abstrus*. Pénétré de la vérité que : les *faits parlent en toutes choses plus éloquemment que les raisonnemens et les discours;* je les ai invoqués constamment, en démonstration de mes assertions, et à l'appui de mes observations.

C'est dans ce même esprit que j'ai composé mon cours d'Architecture : *Principes de l'ordonnance et de la construction,* etc.; l'on y reconnaît qu'aucun motif personnel, haineux, n'a jamais guidé ma plume, ni dans les mémoires que j'ai publiés, ni dans les dissertations particulières que m'imposaient de faire les fonctions que j'ai successivement remplies (1).

JE m'interdis constamment toute observation hors du cercle spécial de l'Architecture, et reste toujours fidèle à la leçon de *Martial :*

_____

(1) Au conseil des travaux publics du département de la Seine, depuis l'an 1803 jusqu'à ce jour, année 1819, et dans les différentes commissions formées par le GOUVERNEMENT, dont j'ai été membre, pour traiter de grandes questions d'Architecture.

J'ai été constamment, et serai autant que je doive vivre, voué au service des édifices publics comme architecte.

Parcere personnis.

Le sujet de ce discours n'est point un *paradoxe*, mais une *vérité méconnue*, importante à exposer. Tel était le sujet de mon chapitre de *l'impuissance des mathématiques pour la solidité des bâtimens.* J'ai lieu d'espérer qu'il en sera de même pour le sujet de ce discours; que les vérités que j'y révèle, seront reconnues, ainsi que l'ont été celles renfermées dans le chapitre de L'IM- PUISSANCE, etc., par tous les savans et vrais architectes.

Sans doute que parler d'Architecture au temps présent, où les esprits se nourrissent de politique, serait hors de saison, si la *chute imminente de la science de la construction* dont je traite, n'intéressait pas si directe- ment l'administration publique, qui journellement fait un grand emploi de fonds en travaux de bâtimens. Et, dans ce discours, je sollicite que l'on cesse de bâtir à l'aventure, comme on le fait ; j'indique les moyens propres à assurer la juste application des sommes considérables d'argent qui sortent du trésor public pour les dépenses en bâtimens.

Je me persuade par ce travail particulier que je soumets au public, de donner l'éveil pour se défendre, à l'avenir, des chances déplorables à redouter dans des bâtimens et publics et particuliers ; craintes bien fondées d'après les faits divers et nombreux, articulés dans ce même discours. Je ne puis trop le redire.

Le rappel suivant devient nécessaire.

J'ai désigné, dans la première partie de ce discours, les démolitions faites pour la sûreté publique, de bâtimens nouveaux en ruine par la faiblesse de leur construction.

J'ai dit les confortations ajoutées, devenues nécessaires à un bâtiment neuf avant qu'il pût être habité ; les premiers, ceux démolis dans les grands hôpitaux de la *Pitié et de Bicêtre ;* le second, à la *Salpétrière.*

J'ai dit, dans ma première partie, le bouleversement total survenu dans l'ordonnance et la construction de *l'église de la Madeleine*; j'en ai présenté les conséquences fâcheuses.

J'ai décrit dans la deuxième partie de ce même discours, telle bâtisse du jour où les principes de la solidité ont été totalement méconnus; j'ai indiqué les omissions et les méprises faites dans la restauration d'un grand édifice de la capitale, dont les travaux sont récemment terminés.

J'ai, de plus, cité des feuilles périodiques, dans lesquelles l'on annonce ici un monument public, distant de *quatre mille toises de Paris*, dont les points principaux dans ses constructions ont fléchi, avant qu'il ait atteint son entier achévement : là, l'on annonce la restauration d'un édifice de la capitale, qui compte à peine *huit* ans d'origine, et conforté en août dernier.

Si les présages que je tire de tant d'exemples en constructions vicieuses, faites selon les *systêmes dits scientifiques* et d'*une grande économie*; si ces présages sont sinistres, je ne les signale que pour en prévenir les effets désastreux, et servir ma patrie de tous mes moyens, comme architecte.

Or, à cette haute considération, j'ose croire que cette seconde partie obtiendra comme la première, l'attention d'une classe de lecteurs dont j'ambitionne le suffrage, d'un nombre d'hommes d'ÉTAT, d'*architectes* et d'*artistes* de talens connus.

Que l'on me permette de répéter ici l'avis énoncé dans la conclusion de mon traité d'Architecture (1), qui serait d'une si grande influence pour le bien de la chose publique; avis dans lequel je déclare, que le moyen le plus sûr, le plus indépendant des combinaisons variables de nos *institutions* nouvelles et administratives des bâtimens ; *institutions* dont l'expérience dément les intentions et trompe l'espérance; que l'arme, dis-je, la mieux trempée pour

---

(1) Principes de l'ordonnance et de la   pages 53, 54 et suivantes. Paris, 1812.
construction des bâtimens , tome IV ,

lutter avec avantage contre *le pouvoir régnant, universel et suprême de bâtir* , qui a concentré en lui seul et l'ordonnance et la construction des édifices publics; *pouvoir* qui influe directement et indirectement dans tous les sens , sur toutes les opérations de bâtimens qui s'exécutent dans la capitale ; *pouvoir* régulateur essentiel, ose-t-on le dire, pour la perfection des plans (1); que l'arme enfin; que l'égide la plus protectrice contre cette *puissance formidable , destructive de la science de l'art*, est, pour l'architecte, un grand fonds de science en construction , acquise par une éducation réelle , solide , et non pas de forme seulement , de l'espèce de celle qu'on reçoit dans l'école d'Architecture ; dont les leçons de tel des cours sont , ainsi que je l'ai démontré , propres à peine à façonner au mécanisme des bâtimens pour leur exécution. *La science en construction ,* ne cessons de le redire , n'obtient aucun secours de calculs algébriques ; elle existe dans une sphère particulière , spéciale à l'Architecture. Les beaux arts ont leurs engrais propres.

AUSSI tout architecte , n'importe sa position sociale ; pour son honneur, pour ses intérêts , même ceux pécuniaires, a un absolu besoin de cette *science* propre à l'Architecture , et tout autre que celle des sciences exactes ; l'expérience lui est aussi de toute nécessité *en construction*. L'artiste doit donc se défendre de l'erreur capitale trop en vogue, que le dessin seul lui suffit. Je lui donne de nouveau cet avis salutaire. Ce n'est pas tout, il faut que les architectes qui bâtissent, ne perdent point de vue que le nouveau CODE CIVIL les rend responsables avec les *bâtisseurs,* dans ce qui les concerne respectivement ; les premiers, si les plans sont vicieux dans la composition, hors des proportions voulues par la solidité , sans lesquelles , ainsi que cela est démontré, toute construction est éventuelle ; les seconds, si la main d'œuvre est négligée, mauvaise, frauduleuse , et si les plans de l'artiste ont été tronqués ; si les matériaux mis en œuvre ne sont point de la nature et de l'espèce déterminées; comme aussi lorsque les moyens com-

(1) Mes oreilles ont entendu ce ridicule et monstrueux propos , en septembre 1819; j'en ai frissonné d'indignation, tout en gardant le plus profond silence par rapport au lieu qui me le commandait.

posés par l'architecte, dessinés, cotés, précisés au *bâtisseur*, ont été altérés par ce dernier.

IL est remarquable cependant, à ce sujet, que la *loi* nouvelle qui régit les opérations des bâtimens dans les deux branches très-distinctes, la science de l'art et le *mécanisme*, a été portée à un période où *la science de la construction périt* dans toutes les branches des travaux publics, malgré les hautes prétentions d'une certaine classe, quelque hérissée qu'elle soit de *chiffres arabes*, de *chiffres romains*, de *lignes droites*, *courbes*, de toutes les espèces, et de figures *sphériques*, *côniques*, etc., etc. Les faits de toutes les natures attestent ces tristes vérités : puisque sans le génie de l'Architecture, sans une étude approfondie des chefs-d'œuvre de l'art, et de l'*Italie* et de la *France*, il ne peut exister de *beaux et solides* édifices.

COMBIEN donc, à l'égard des travaux d'Architecture, les seuls qui fassent le sujet de ce discours ; combien donc il eût été désirable que le LÉGISLATEUR connût l'état réel et dépérissant de l'Architecture aux temps où nous vivons ! il aurait, avant tout, pour assurer l'observation de la loi, prescrit l'ancien enseignement public et non pas celui si fort *scientifique* et usité de nos jours, dans certaines écoles ; le LÉGISLATEUR, pour former de vrais architectes, classe tout-à-fait particulière, aurait imposé pour la plus exacte observation de la LOI, que les anciennes études de l'*Architecture* fussent rétablies dans l'école publique et spéciale de cet art, *enseignement seul capable de former de savans* architectes, comme il en était aux siècles précédens ; car, sans la vraie science de la *construction*, il est impossible d'obtenir aucun degré de responsabilité ; cependant la loi existe. Il est bien à desirer que les tribunaux reconnaissent la raison de ces réflexions sur un objet qui relève d'EUX.

TOUS les réglemens nouveaux faits, et ceux sans doute qui succéderont pour l'observation de la LOI de la responsabilité en bâtimens, de *l'architecte* et du *bâtisseur*, seront de nul effet, si les *anciennes études* restent oubliées, puisqu'il est constant que ces cours, capables de former de savans architectes, ont cessé à compter de la destruction de l'Académie.

EN vain l'on rétablirait la *chambre de la maçonnerie* pour les bâti-mens particuliers qui n'avaient, et ne pouvaient avoir d'action que sur les *bâtisseurs*, et non pas sur les *architectes ;*

EN vain les fonctions de *petite* et grande *voirie* seraient accrues dans leurs attributions ; un amalgame hétérogène d'*architectes*, de *bâtisseurs*, serait le résultat inévitable de ces innovations en extension, que l'AUTORITÉ ne peut ordonner efficacement ;

EN vain l'on substituerait aux études naturelles et anciennes, à faire par l'architecte, celles basées sur les systèmes du jour; la remarque vient d'en être faite, l'on n'obtiendra aucun résultat satisfaisant de ces diverses mesures. La nature sera toujours rebelle aux fantaisies des hommes.

UNE Académie seule peut venir sur le champ au secours des travaux pu-blics ; et, sans différer, elle préparerait les voies pour la reproduction de véritables architectes dont l'ÉTAT a un besoin urgent.

CES réflexions, celles directes aux architectes, leur *responsabilité* selon la LOI ; ces réflexions, ce me semble, méritent d'être accueillies par ceux qui bâtissent, et dont les plans toujours doivent être exécutables ; cette condi-tion est obligée ; et, nous l'avons dit, on ne l'enfreint jamais impunément; les *architectes constructeurs* doivent donc établir, avec précision, la ligne de démarcation qui existe entre eux et les *bâtisseurs*; à cette fin essentielle, préciser avec clarté les proportions de toutes les parties de leurs compo-sitions, et constamment signer les plans, les coupes, les élévations, et les détails divers, les moyens qu'ils conçoivent; et doivent tracer eux-mêmes, pour la solidité des constructions quelconques, quelles qu'en soient la nature et l'espèce. Voilà le *Palladium* sûr et capable de mettre les vrais architectes à l'abri de l'action de la LOI; car tous plans, tous dessins qui ne sont point signés, ou qui seraient dénaturés, dans leur conception, n'ont plus d'auteurs; conséquemment, la *loi* ne peut frapper personne. La raison, la justice le veulent ainsi. *Architectes cons-tructeurs*, faites de bons plans qui toujours sont propres à l'exécution, mais

13

vous n'en ferez de tels, qu'avec la *science* qui secondera votre *génie*, premier principe de toute solidité; et il n'est pas donné à tous d'aller à Corinthe : l'instruction seule serait insuffisante, prenez-y garde. Il ne s'agit point pour vous d'être doués du don de la mémoire ; il faut, je le dirai sans cesse, pour être architecte, il faut absolument réunion, chez l'artiste, de jugement, de goût et d'invention; il faut, d'après la remarque d'un célèbre *anato-miste*, à l'architecte, qu'il ait reçu de la NATURE *la bosse de la cons-truction.*

Or, relativement à la responsabilité en travaux de bâtimens, si justement imposée à l'architecte, dans les intérêts de la société entière, l'on aperçoit combien il importe que les élèves de l'École Royale actuelle d'Architecture y soient exercés sur ce qui constitue la science propre de *cet art; science* qui n'est nullement enseignée, ainsi que je dois le rappeler dans cette réca-pitulation.

En effet, on le sait, dans cette école les élèves architectes ne reçoivent aucune leçon théorique sur les principes constitutifs de l'Architecture; au-cune analyse ne leur est faite sur les proportions des masses, d'où naissent l'harmonie et la force des édifices. Les élèves sont seulement convoqués chaque mois, au palais des Beaux Arts, pour écrire un programme sous la dictée du professeur, dit architecte; programme sur lequel, tantôt ils font une esquisse, sujet d'un jugement qui seul donne un prix; tantôt une esquisse à rendre par des dessins dans le cours du même mois; dessins qui deviennent également sujets d'un prix (1).

Aussi dans cet état déplorable, l'artiste, l'ami éclairé de l'Architecture sont peinés de ce manque total de leçons dans cette même École Royale et

---

(1) L'engouement sur le mode actuel est porté chez certains maîtres au point que je les ai entendus se répandre en exclama-tions sur l'immense progrès en talens des élèves de l'école royale, et cela pour des dessins propres à être exécutés sur la toile, et non pas autrement.

spéciale, sur l'art de *composer* et *la science de construire* (1); nature de leçons que le professeur d'Architecture devrait enseigner; car, en cette qualité, il est censé être un architecte *habile, savant, expérimenté.*

Il est donc bien constant que le talent graphique en Architecture, est tout dans l'école du jour, malgré l'apparat en nombre de chaires :

DE mathématiques,

DE coupe de pierre, etc., etc. (2).

Quant au dessin auquel seul on exerce aujourd'hui les élèves qui s'y livrent avec une ardeur complète, je vais offrir une réflexion juste à ceux que j'ai désignés précédemment, disposés qu'ils sont par une nature heureuse à devenir un jour l'honneur de leur patrie, comme *architectes;* et ne le devient pas qui voudrait l'être. Le professeur d'Architecture à l'Académie disait, il y a *soixante ans,* aux élèves dans l'Architecture : *Multi vocati, pauci electi.* Je dois citer à cette classe, choisie par les *destins,* un exemple sur l'inutilité de leurs efforts dans la manière de dessiner proprement, et avec un certain *lazzis.*

Servandoni, ce grand artiste, a tracé les plans, les élévations et les coupes du grand portail de Saint-Sulpice, sans aucune prétention comme dessin, quoiqu'il en possédât éminemment l'esprit et le talent. *L'invention* des masses, leurs *proportions,* occupaient seules son génie, lorsqu'il méditait *l'ordonnance* de cette grande et importante fabrique. Aussi, ce fut *en gros traits,* en encre ordinaire, qu'il dessina sa composition entière, et non

---

(1) Voir l'exposé sommaire au commencement de cette seconde partie sur les élémens des principes de la composition, communs à tous les beaux arts, et de ceux propres à la construction. Principes spéciaux développés dans mon cours d'Architecture, dont le premier

volume parut en mars 1797.

(2) Voir première partie de ce discours, pages 31 et les suivantes, où j'expose la distribution des différens cours, dits de l'école d'Architecture, et que j'ai dû rappeler dans cette seconde partie

13.

pas à la *peintre*, manière généralement recherchée dans les écoles de nos jours ; et le portail de Saint-Sulpice est un chef-d'œuvre d'Architecture (1).

Dans toute composition d'Architecture, l'esprit doit toujours l'emporter sur le dessin. L'exemple du procédé de *Servandoni*, ce *peintre architecte*, justement célèbre, doit être suivi des sujets les plus capables qui s'annoncent dans l'école d'Architecture.

AJOUTONS à cela la leçon suivante ; elle est analogue au but de ce discours ; elle est conforme à la théorie que j'enseigne ; je l'insère en confirmation., et à l'appui, pour faire sentir toute la nécessité, l'utilité de posséder les *principes divers et particuliers* à l'Architecture.

« Les arts ont leurs règles ; ils en ont besoin, comme les nations ont be-
» soin de lois : ainsi en ont jugé *Aristote, Horace, Boileau, Corneille, Ra-*
» *cine* et *Molière*. Si donc, l'on rejette toute règle dans les beaux arts,
» comment fixera-t-on le mérite respectif de leurs productions diverses ?

« Eh bien! il est évident que les détracteurs des principes posent pour
» la règle universelle leur propre goût, et l'étendue de leur esprit pour les
» bornes de l'esprit humain. »

AJOUTONS avec le judicieux et spirituel écrivain qui raisonne de la sorte :

« QUAND on est capable de juger ainsi de son propre goût, on peut préférer
» l'Architecture gothique à celle des Grecs. »

Et voilà où nous tendons, et où nous conduirait toute subversion des cours d'Architecture, tels qu'ils ont existé jusqu'en 1792.

_____

(1) Les dessins originaux *de Servan-*
doni ont été dans mes mains pendant
cinq années, de 1775 à 1780.

Inspecteur à cette époque des travaux des tours, ils m'avaient été communiqués.

MAINTENANT, dans ce résumé où reparaissent les idées sur la nécessité de la *science*, je puis l'affirmer de nouveau, la *doctrine* que j'expose, les *principes* qu'elle renferme se reconnaissent dans les œuvres écrites, et dans les monumens construits par les architectes *italiens* et *français*, depuis que les lettres et les beaux arts ont reparu après la barbarie d'une longue suite de siècles. Quant à la déviation de ces mêmes principes constatés par les faits, son apparition dans nos édifices publics date de *quarante ans*, mais cette déviation a pris un essor presque général depuis les premières années de ce siècle, époque que j'ai dû signaler avec la fidélité la plus rigoureuse, d'après les tristes résultats qui en sont les conséquences nécessaires.

IL y a tout lieu de reconnaître que l'abandon des études propres à l'Architecture, telles qu'elles existaient à l'Académie (1), a influé de la manière la plus frappante, contre la *solidité*, dans toutes les branches des travaux publics. L'art et la science indivisibles en Architecture, et sources communes d'une heureuse ordonnance et d'une bonne construction, comme aussi de toute *économie*, sont négligés; les études en sont véritablement délaissées; en vain s'efforce-t-on de considérer la facilité de dessiner, en Architecture, comme étant le *génie* de l'art, tandis qu'elle n'en est que le mécanisme.

AJOUTONS en preuve toute nouvelle de l'abandon des études de la *science de la construction* et de ses résultats, la citation suivante; une feuille périodique me la fournit; *on y lit :*

« UN de nos abonnés, qui n'est ni architecte, ni entrepreneur, ni même
» ingénieur, et qui a suivi les discussions de la Chambre sur les dépenses et
» frais d'administration des..... nous fait remarquer que les travaux sont
» très-souvent établis contre les principes de l'art de construire; que
» sous le prétexte d'une économie mal entendue on double et l'on triple les
» dépenses, sans doute parce que messieurs .... n'étant responsables
» de rien, peuvent impunément faire des essais, des épreuves qui com-

(1) Voir discours des anciennes études de l'Architecture, etc., Paris, 1807.

» promettent la fortune publique. A l'appui de ces réflexions on nous cite
» les faits suivans (1) ».

Donc, l'extension, les progrès tant chantés de nos jours, en connaissance
de *Mathématiques*, de *Chimie*, de *Dessin,* que des cours nombreux et
nouveaux enseignent pour former des sujets les plus parfaits; donc ces connaissances sont *impuissantes* pour la *composition* d'édifices que le génie fait
concevoir et tracer, dont les plans sont habilement proportionnés, soumis
aux règles de l'*ordonnance* qui sont essentiellement liées aux lois physiques
de la *construction*, qualités que le jugement et le goût sanctionnent également : que l'on me pardonne ces sortes de redites; je suis, à cet égard,
l'exemple que m'en donnent les TRIBUNAUX dans leurs prononcés.

En vain, par des intérêts particuliers, l'on s'efforcerait de ne pas reconnaître les misérables constructions de tous les genres qui se succèdent et se
multiplient de nos jours, dont les plus importantes sont dirigées d'après les
systèmes des mathématiques transcendantes, la haute géométrie, etc.
En vain l'on voudrait taxer le sujet de ce discours d'être *paradoxal*, et
comme tel, jugé ridicule aux temps présens si merveilleux, assure-t-on, en
perfectionnemens dans toutes les branches de connaissances; en sorte,
conclut-on, que la *chute* que j'annonce est impossible.

Nullement rassuré de l'imperturbable confiance en perfectionnemens qui,
selon les mêmes-admirateurs, seraient toujours croissans, j'ai continué mon
travail, et je le mets à terme aujourd'hui.

Pour obtenir donc qu'il en soit à l'avenir comme il en était aux
derniers siècles, en administration des bâtimens; pour que, désormais,

---

(1) Le Constitutionnel.— Dimanche 13
juin 1819.

Il est de notoriété publique que l'on
travaille à réparer les destructions survenues dans l'un des monumens cités, et

dont les travaux étaient à peine terminés.

Le temps apprendra si les moyens employés seront efficaces.

Abyssus, abyssum invocat.

nos édifices à construire ne soient point exposés, ou à écrouler sur leurs fondemens, ou à être renversés par les *vents*, résultats inévitables des *perfectionnemens modernes* en ce genre, il faut que les deux ·bases essentielles à l'Architecture soient reconstituées. L'époque où j'écris semble devoir favoriser l'*institution* desirable. Le trait suivant, quelque simple qu'il soit, me conduit à m'expliquer ainsi.

LE GOUVERNEMENT instruit de l'accroissement survenu dans le nombre des élèves architectes, qui suivent l'école au palais des *Beaux-Arts*, vient d'autoriser, en mai dernier (1819), la division en deux classes, *première* et *deuxième*, de ces mêmes élèves.

ASSURÉMENT, dès que l'AUTORITÉ saura l'existence de la foule d'architectes qui apparaît aujourd'hui sur la scène des affaires de bâtimens, ELLE prescrira dans sa sagesse, espérons-le, pour l'intérêt de la société, pour les succès et l'honneur de l'Architecture, ELLE ordonnera, dis-je, les dispositions suivantes, pour cet art :

1°. LE classement des architectes, de ceux dignes de ce titre, par des talens réels, par leur science, par leur expérience, aux fins de former un corps distinct, au lieu de les laisser disséminés, épars comme ils le sont depuis la destruction de l'ancienne Académie.

2°. ELLE ordonnera de réorganiser les cours à l'école spéciale et royale d'Architecture, dans laquelle seraient données des leçons *orales* instructives sur la *Théorie de l'Art*, sur ce qui constitue la vraie *science* de bâtir, et telles que le grand *Blondel* les enseignait à l'Académie, au dix-septième siècle; lui, *compositeur, constructeur* d'édifices admirables, et dont la doctrine a été en partie professée de nos jours par les architectes; de même que *Le Roi* et *Cherpitel* son adjoint, l'un et l'autre, artistes formés par une instruction complète; l'un et l'autre, savans distingués, le premier par ses œuvres écrites; le second, par ses constructions diverses (1).

_____

(1) Un professeur architecte, homme de génie, savant en construction, est né-

Mais, si la formation d'un corps d'architectes, et des plus distingués par leurs ouvrages exécutés; si le rétablissement de véritables cours d'Architecture à l'école spéciale, dont ceux, d'élémens de *mathématiques*, de *coupe de pierre* sont particulièrement propres à former des *appareilleurs et des toiseurs* de bâtimens, et non pas des architectes; si une instruction substantielle qui serait donnée aux élèves, sont incontestablement les moyens principaux et sûrs pour former des architectes capables de remplir tous les services des bâtimens publics, il faut tout à la fois composer un régime administratif qui soit combiné avec la nature des opérations de ce genre : que l'on me permette d'indiquer quel il pourrait être.

1°. L'Autorité seule, ordonnerait les travaux sur l'exposé et la nécessité qui lui en seraient présentés; aucun, *même d'entretien*, quoique léger, ne s'exécuterait sans son approbation. Tout plan nouveau ou additionnel dans un établissement public, ne serait composé que sur un programme donné à l'Architecte par elle-même.

2°. Des agens spéciaux recevraient les comptes relatifs aux diverses dépenses occasionnées par l'exécution de ces divers travaux.

3°. Les architectes désormais, comme il en était par le passé, jouiraient d'une confiance fondée d'abord sur une éducation soignée, sur une moralité reconnue, sur des talens acquis par des cours et des études théoriques faites à l'école spéciale, où ils se seraient distingués; talens sanctionnés par la pratique sous *d'habiles maîtres*, qui eux-mêmes seraient parfaitement libres pour bien opérer; connaissances cimentées par l'exercice de l'inspection des travaux, soit de restaurations importantes, soit de bâtimens neufs.

---

cessaire à l'école royale et spéciale d'Architecture.

Cette réflexion est exacte, et tous les approbateurs du mode actuel d'enseignement ne nous persuaderont point que *le vide* soit *le plein*.

Natura abhorret vacuum.

Voilà la vérité.

En vérité, n'hésitons point à le dire :

Il y a nécessité de réorganiser les cours publics pour l'enseignement des élèves architectes; il y a nécessité de composer un tout autre régime des bâtimens. Par là, seront relevées les branches abattues, désséchées de l'Architecture. Et cet état misérable n'est point une chimère, il n'est que trop certain, état dans lequel l'a précipitée le *scapel destructeur* si audacieusement mis en œuvre contre cet art, état enfin signalé dans une pièce officielle, il y a quatre ans écoulés, en janvier 1815 (1).

La remarque suivante convient ici :

Jamais le savant auteur de l'histoire des mathématiques, *Montacle*, chargé qu'il était avant la révolution de l'administration des bâtimens de la couronne ; jamais cet habile et honorable mathématicien ne s'est avisé de se constituer à l'égard des travaux des palais du Roi, *pouvoir absolu*, comme il en est aujourd'hui, pour les travaux publics de la capitale.

D'abord, son jugement était trop sain pour bouleverser l'ordre naturel des affaires de cette nature.

Puis *Montacle* avait des connaissances trop étendues sur nos facultés intellectuelles, pour, eût-il été un grand architecte, se croire capable de commander, diriger tous les travaux des bâtimens du Roi, confiés avec tant de raison à un nombre d'architectes distingués.

Les états, les mémoires lui parvenaient pour la liquidation, après le vérifications et les réglemens terminés par les architectes.

---

(1) Voir, page 55 de la première partie de ce discours, le paragraphe commençant par ces mots : « Il est constant que » les projets conçus par un artiste sont » modifiés, etc., etc. »

Dans l'ensemble de ce discours, j'ai dû, comme je l'ai fait, m'expliquer avec la plus grande franchise. Un écrivain judicieux nous dit :

« Il est des choses sur lesquelles on ne peut s'expliquer ni avec trop de
» clarté, ni avec trop de franchise ».

D'ailleurs,

Parler, pour faire entendre la vérité sur un sujet d'un intérêt public, c'est servir le gouvernement, c'est se montrer fidèle à ses devoirs, ami de l'ordre et de son pays (1); j'écris avec ma raison, avec ma conscience : les *principes*, *l'expérience* de leur application dans mes propres constructions, me prouvent que je ne suis point dans l'erreur en parlant de la *science de l'art*.

Ce discours traite spécialement de la construction; j'ai, en conséquence, distingué, dans la première partie, la *science* qui la constitue, du *mécanisme* de l'exécution avec lequel elle n'a rien de commun, et qu'elle dirige et commande, la *Stéréotomie*.

Aujourd'hui, comme j'en ai fait la remarque dans cette même première partie, on se permet non-seulement, de confondre la *construction* avec la *coupe des pierres*, mais l'on classe la première au dernier rang; on prive ainsi l'art de la substance sans laquelle il ne peut exister; car ne juger la *construction* que comme une simple *main-d'œuvre*, est manquer de jugement ; c'est détruire l'art totalement. L'irréflexion, l'insouciance ont seules causé depuis 1792, ce *mélange*, cette *confusion* si préjudiciables aux succès des travaux publics, si contraires aux *finances* du royaume, vérités signalées dans la première partie de cet ouvrage (2); et ce qui est dans tout ceci, le plus à

---

(1) Cette pensée est d'un orateur de la chambre des députés. 31 mars 1818.

(2) Pages 25, 26, 27, etc. Les défini-

tions que j'y donne; la distinction que j'établis entre la *construction* et la *stéréotomie*, ont été accueillies et jugées

regretter, c'est que l'erreur s'enracine de plus en plus, au point de confondre la *science* de la construction avec le *mécanisme* de la coupe des pierres. Voilà comment la véritable instruction en Architecture manquera totalement aux élèves qui s'y vouent.

LES artistes, les amateurs de l'Architecture qui connaissent la première partie de ce discours, savent que je la termine par une dissertation nouvelle sur les constructions à faire de *l'église de la Madeleine*, menacées qu'elles sont dans leur exécution, d'être asservies au régime administratif des bâtimens, en vigueur, soumises d'ailleurs dans l'exécution au mode le plus contraire à la perfection des travaux ; mode définitivement adopté, ainsi que cela a été annoncé publiquement en juillet dernier.

AU reste, si cette dissertation sur les travaux de la Madeleine, reste sans effet, la grande voûte de sa nef en plein cintre de *soixante pieds* de diamètre, sans modèle dans nos édifices de France, peut être au moins regardée par nous comme hasardée : car l'église de Saint-Sulpice à Paris, dont la voûte est la plus grande de notre Architecture grecque, voûte qui prend sa naissance, point essentiel à remarquer en construction, à plus de *cinquante pieds* au-dessus du pavé du temple ; cette même voûte n'a que *quarante pieds* de diamètre; la coupe en est *elliptique;* elle est pénétrée par une suite de lunettes dirigeant la poussée sur des diagonales.

SI donc les principes qui terminent la première partie de ce discours, invoqués contre le dernier plan adopté pour l'exécution de l'église de la Madeleine, et prescrit à l'architecte de construire; si l'on ne tient aucun compte des dissertations qu'ils ont fait naître et encore concurremment avec le mode adopté à l'égard de l'exécution, nous aurons un jour, sur la voûte de

---

exactes par des architectes réfléchis et à talens.

La correspondance qu'a fait naître cette première partie, à ce sujet, m'a d'autant plus déterminé, malgré certaines clameurs, à publier la seconde partie qui complette ce que je devais dire sur un si important sujet.

14.

cet édifice, à former les mêmes regrets qu'il y a eu lieu d'avoir sur des piliers du dôme de Sainte-Geneviève ; temple précieux , dont l'ordonnance du centre a été totalement sacrifiée par la plus misérable et la plus éventuelle des restaurations , livrée à des mains purement industrielles qui ont tout bouleversé.

Ce ne sont point là de vaines redites ; tout me commande d'insister sur un pareil sujet. Combattre pour les intérêts de l'art et de la science, c'est combattre : *pro aris et focis.*

Les divers sujets , traités dans les première et seconde parties de ce discours, prouvent, je le redis, que je n'ai pas soutenu par de vains raisonnemens , par d'injustes déclamations, la thèse de la *chute imminente de la science de la construction ;* mais par des observations appuyées de *faits* qui ne peuvent être contestés , démentis ; mes jugemens sont des pronostics inspirés par les *lois de la construction.*

Aussi , pour soutenir mes observations, je n'ai pas eu recours, comme *Carnéade,* à l'emploi de l'ellébore (1) ; et pour pouvoir écrire des vérités reconnues par tous les savans architectes ; vérités admises par les amateurs eux-mêmes , éclairés en Architecture ; ce *purgatif* m'était inutile.

Le motif encore qui m'a déterminé à publier ces vérités , est la conviction de la justesse de la pensée d'un écrivain habile , qui juge que :

« Le GOUVERNEMENT , tout entier à des soins plus importans, a besoin » d'être averti par ceux qui veulent la gloire de leur patrie par les arts. »

Le but de cet ouvrage est donc évidemment le retour vers la *science de la construction ,* totalement dédaignée de nos jours, le retour vers les propor-

---

(1) *L'ellebore ,* préservatif contre l'esprit faux en *morale ,* en *politique ,* et sur les *beaux arts.* Pensées émises par différens auteurs modernes et clairvoyans.

.tions des anciens, en *Architecture,* qui constituent l'ordonnance exprimée par les *masses,* bases fondamentales de la *solidité.* Car, je l'ai dit dans mes premiers ouvrages, et je ne saurais trop le répéter : un bon plan est toujours exécutable; et il n'en existe de tel, que par des proportions heureuses, bien prononcées entre le *tout* et les *parties;* plans que les habiles architectes seuls savent concevoir et tracer.

J'ai cité, à l'appui de cette importante assertion, un édifice qui compte chez nous, environ *deux siècles* d'origine, le grand pavillon *nord-est* de la façade de l'hospice de *Bicêtre,* dans lequel se reconnaissent les avantages que procurent pour la solidité, les masses habilement établies (1); façade ingénieusement tracée, ainsi que le plan général de cette maison; malheureusement aujourd'hui même, des plans additionnels mal conçus, dont l'exécution est *commencée,* vont totalement bouleverser l'ensemble des masses, si heureusement distribuées dans le plan; additions qui rompront tous les rapports des parties entre elles. J'avais, il y a *vingt-cinq ans,* désigné ces accroissemens projetés et dont le GOUVERNEMENT d'alors m'avait chargé, comme architecte de la prison, de lui tracer les plans; je lui exposai avec précision, sous les rapports *physiques* et *politiques,* le rapprochement d'un trop grand nombre d'individus d'une classe extraordinaire; comme aussi, ce qui tient aux *règles* de l'art, et les *sommes considérables* qu'il y aurait *à dépenser;* j'insistai à dire combien tout accroissement de ce genre serait *monstrueux.* J'ai dû m'expliquer avec vérité sur un si important objet; j'ai rempli mon devoir; nul reproche ne peut m'atteindre.

CONSÉQUEMMENT, d'après les développemens donnés dans ce discours, sur la *science de la construction,* d'après les tristes résultats de l'abandon que l'on en fait, j'insiste à soutenir, classification essentielle à faire de nos jours, que cette science en Architecture ne tient nullement aux théories mathématiques; nullement au mécanisme de la coupe des pierres, ni à aucun *sys-*

---

(1) Voir, dans la première partie de ce discours, les détails particuliers sur ce pa-   villon que j'ai reconstruit en sous-œuvre en 1817. Pages 19, 20, etc.

tême de bâtir industriel. L'Architecture occupe, par elle-même, un rang supérieur, indépendant; mais elle ne peut exister sans la *construction*, à laquelle toutes ses productions doivent, et peuvent être soumises. Cette science découle avant tout, des principes communs à tous les beaux arts que j'ai rappelés au commencement de cette seconde partie.

Voilà pourquoi, selon la démonstration que j'en ai donnée, les *mathématiques sont impuissantes pour la solidité des bâtimens* (1).

Un architecte qui possède les ressources de son art, en *composition* et en *construction*, parties intégrantes et indivisibles de l'Architecture, ne s'avisera jamais de puiser les motifs de la *solidité* dans les hypothèses, que seules les sciences exactes peuvent procurer; un tel architecte, pour la *solidité* de ses *constructions*, de celles les plus majeures, n'a nul besoin du jeu des chiffres en *arithmétique*, ni de signes *algébriques*, ni de figures *géométriques*, pour coordonner efficacement toutes les parties de ses édifices, à compter de leurs fondemens, quel que soit le sol qui les reçoive, jusqu'à leur sommet. Mais, parcourant constamment la route du *beau*, l'architecte établira la *solidité* dans ses *constructions*, par les études propres à l'Architecture, les proportions des ordonnances grecques (2); celles aussi de l'anatomie, de la dissection réfléchie, méditée d'un grand nombre d'édifices existans, et de toutes les espèces que l'*Italie* et la *France* possèdent depuis deux siècles. A cet égard, l'architecte opère de même que le *chirurgien*, jaloux de la vraie science de son art, qui ne manque point de faire les études les plus étendues de la structure humaine, et des fonctions que remplissent toutes les parties qui composent un sujet.

Conséquemment, le génie, l'instruction que je réclame ici, pour l'honneur et le succès de l'Architecture, sont les premières qualités à réunir par l'ar-

---

(1) Deuxième chapitre du second volume de mon œuvre.

(2) De la solidité des bâtimens puisée dans les proportions, etc. Second volume, id.

tiste qui doit bâtir. Mais, pourqu'il en puisse faire l'application, il faut, comme je l'ai dit plus haut, que les *anciennes* études de l'*Architecture* soient remises en vigueur ; il faut que le régime des bâtimens éprouve une *constitution nouvelle ;* il faut que le *pouvoir universel de bâtir* et régnant, qui a tout envahi, tout confondu en Architecture ; l'art et la science avec la *comptabilité ;* il faut, dis-je, que ce *pouvoir* cesse son action destructive sur l'*ordonnance* et la *construction ;* qu'il soit restreint à ne recevoir que les comptes en bâtiment, partie seule purement administrative, et à laquelle l'architecte doit rendre compte.

Ce ne sont pas là des redondances, mais des répétitions utiles, nécessaires, afin d'inculquer efficacement, s'il est possible, des vérités du premier ordre en ce genre, et qui doivent reparaître dans ce résumé.

Par suite, et pour l'avenir, l'avis du sage et savant *Léon Baptiste Alberti* serait accueilli par les ORDONNATEURS des travaux publics ; notre savant architecte dit :

« Il faut nécessairement que ceux qui usent des conseils des architectes, » se fient à eux (1). »

Au contraire, maintenant, une défiance pusillanime a saisi presque généralement l'esprit des *ordonnateurs* suprêmes, qui sont loin de donner à l'architecte cette confiance que tout commande de lui accorder à raison de ses talens, et par l'intégrité qu'il doit avoir ; car il en est en *Architecture* comme en *médecine*, et dans les affaires contentieuses, il faut *science, talens, probité.*

Et, ce qui est remarquable, *les ordonnateurs* des travaux publics, par une erreur inconcevable, accordent toute confiance à des gens qui les entourent, les obsèdent, les dominent ; gens qui s'avisent de diriger par

---

(1) Léon-Baptiste Alberti. Livre IX, chapitre XI.

eux-mêmes les constructions des bâtimens ; puis ces mêmes agens, sans égard aux avis raisonnés de l'architecte, adoptent des conseils qui s'élèvent de la part de cette foule de gens qui de nos jours jugent de tout (1) ; conseils les uns plus ridicules que les autres, tous dangereux à *l'ordonnance* et à la *construction*, desquelles résultent la disposition des plans d'un édifice, ses *distributions*, ses *formes*, ses *proportions* ; toutes conditions qui relèvent de la science et de l'art. De ce désordre, il suit que les opérations de bâtimens fourmillent d'erreurs grossières et fatales à *l'économie*. Aussi est-il facile de découvrir le bout de l'oreille de nos nombreux faiseurs en ce genre.

VOILA comment le système absurde en *perfectionnemens* de bâtimens, tant célébré de nos jours, favorise l'exécution de travaux misérables, mais ordonnée dans les formes établies pour les constructions publiques. *L'habitude des formes, a dit un homme d'esprit, répand un vernis d'insouciance et de légèreté.*

VOILA comment l'*autorité* est distraite de la nécessité, pour l'intérêt général de la société, de subvenir aux écarts de pareils systèmes en travaux de bâtimens.

CERTAINEMENT l'Architecture est un besoin absolu qui relève de toutes les ADMINISTRATIONS ; c'est ainsi que l'AUTORITÉ est distraite de la faiblesse de la presque totalité de nos constructions nouvelles, et qu'elle perd de vue les pertes majeures que l'ÉTAT reçoit du régime actuel des bâtimens.

SI une ordonnance constituait en corps l'unique classe des vrais architectes disséminés, épars qu'ils sont, avons-nous dit, depuis la destruction

---

(1) Cette année 1819, appelé par l'AU-TORITÉ pour l'examen des dispositions de masses de constructions importantes à faire, je fus obligé de prier un personnage présent, qui raisonnait à sa manière sur l'objet en question, de me laisser traiter le sujet que j'avais à juger, et qui lui était totalement étranger.

de l'Académie d'Architecture (1); ce corps, ne fût-il qu'une section d'un plus *grand tout*, et quelle qu'en fut la dénomination ; avec une pareille réunion, composée par le GOUVERNEMENT lui-même, sur-le-champ, sans avoir recours au trésor public, obtiendrait un tribunal dévoué aux intérêts de l'ÉTAT, pour tous les travaux d'Architecture. Cette classe d'architectes, savante, expérimentée, vraiment *académique*, et non pas de *nom* seulement, comme il en est aujourd'hui, composée qu'elle est de quelques *privilégiés* et fondue avec des artistes de classes diverses, d'espèces différentes ; *peintres, statuaires*, etc., etc.; cette Académie nouvelle ferait renaître les *saines doctrines* en construction (2); et sous peu d'années, la *France* posséderait comme aux siècles précédens, d'*habiles* et *savans architectes*, dont elle n'est maintenant que trop dépourvue. Désormais, ces artistes inspirés par l'honneur, par le noble désir de mériter et de fixer la *confiance publique*, confiance *nécessaire* selon *Alberti*, en jouiraient effectivement : c'est ainsi que tous les intérêts en travaux de bâtimens seraient respectés ; et l'administrateur et le propriétaire complettement satisfaits.

CAR, alors, les travaux de toutes les sortes, en bâtimens, seraient conduits avec *ordre*, avec *économie* ; les plans généraux de nos plus beaux établissemens existans, ne seraient plus bouleversés, dénaturés ; toute cumulation monstrueuse de bâtisses sans liaison, sans rapports avec l'ensemble des premiers plans, cesserait. Désormais, les monumens que les architectes érigeraient, auraient des plans bien conçus; ils prendraient dans les élévations les caractères variés et propres à leur destination ; ils seraient solidement construits ; alors on pourrait leur appliquer le jugement porté sur nos plus beaux édifices, si justement célèbres :

Magis pares quam similes ;

ET, par une conséquence nécessaire, la comptabilité des travaux publics serait simple, parfaitement en règle et mesurée.

---

(1) Première partie de ce discours, pages 31, 32, etc.
(2) Voir le discours sur les anciennes études de l'Architecture. Il est à la tête du IVe volume de mon traité : *Principes*, etc. Paris, 1807.

Il en est aujourd'hui bien autrement, et pour les travaux eux-mêmes, et pour la finance qu'ils absorbent, ainsi que je le fais connaître dans l'ensemble de ce discours ; il en est, dis-je, tout autrement pour l'Architecture, au commencement de ce *dix-neuvième siècle*, qu'il en était aux deux siècles précédens ; et notamment de ce qu'elle est en ordonnance , dans les édifices érigés à Paris depuis peu d'années, ainsi que dans leurs *constructions ;* ceux-ci, n'offrent que des *formes monotones , grêles* et *faibles.* Ces défauts seuls décèleraient la commune origine du plus grand nombre d'entre eux, et les plus importans. Aussi, les vices divers et communs de ces bâtimens, légitiment-ils l'expression d'un architecte , homme d'esprit, et à talens, qui disait, d'après leur *uniformité :*

Ils sont tous jetés dans la même casserole.

Un autre artiste s'explique en ces termes, sur ces mêmes monumens :

« A l'impression, dit-il, que j'ai éprouvée, à leur aspect , je pensais être » dans la Chine, ou au moins je croyais qu'une colonie de cette nation » était venue s'établir à Paris, et que tous avaient été construits sur les plans » d'un architecte de cette nation (1). »

Ces jugemens portés par deux architectes sont justes, et pour en reconnaître la vérité, il suffit de jeter les yeux sur les gravures d'édifices chinois, qui se ressemblent tous entre eux ; leurs combles, comme ceux des nouvelles bâtisses de Paris, dites monumens publics, sont distribués en appentis, surmontés de poteaux sur lesquels repose une lanterne ; de même encore , comme les bâtimens *chinois*, ceux de Paris qui viennent d'être construits

---

(1) Annales des bâtimens , n° V, octobre 1817, page 272.
Tout dans ce monde suit la même route.
Un écrivain , peintre fidèle de nos mœurs, a dit que : « Nos dames emprisonnaient leurs jolis pieds : que toutes » nos modes étaient chinoises. »
Aujourd'hui les modistes taillent les vêtemens des dames à la chinoise, etc.

n'ont point de corniches qui les couronnent; l'imitation du genre de composition chinoise en est frappante; il faut cependant l'observer, quant à la forme seulement, et non pas dans leur structure : en Chine, les édifices sont légers et solides par la gradation observée, entre les points porteurs et les parties supérieures; à Paris, nulle gradation dans les forces; conséquemment point de *solidité*, le *faible* porte le *fort*.

Cette absence de la solidité, dans nos édifices, a fixé l'attention d'un nombre d'observateurs. Les citations extraites de leurs différens écrits, et répandues dans le cours de cet ouvrage, prouvent complettement la raison du *sujet* que je soumets au public instruit.

Ajoutons ici la remarque d'un auteur initié par goût, dans ce qui constitue un édifice, à l'occasion des jugemens portés par des architectes contre telles et telles constructions qui s'exécutent; soit d'édifices neufs, soit de restaurations majeures et nouvelles.

Cet écrivain s'exprime en ces termes :

« L'on ne doit pas être surpris que les architectes voient à l'avance, les » effets fâcheux qui doivent s'y développer ; la prévoyance que la science » suscite, présente sans cesse comme accompli ce que les hommes sans » connaissance de l'art ne regardent pas même comme menaçant ».

Cet extrait convient à opposer à la prévention dangereuse *d'hommes puissans* contre les jugemens des architectes les plus éclairés, qui leur font connaître les plus grands écarts en fausse *économie* ou parcimonie pernicieuse.

En effet, tantôt des hommes, *honorables* administrateurs, accusent les architectes d'avoir des craintes exagérées, lorsqu'ils sollicitent des mesures contre la chute de telle ou telle partie de bâtiment;

Tantôt, ils leur reprochent trop de sécurité à juger que le danger dans l'espèce ne serait pas redoutable, et cela prochainement.

15.

MAINTS TRAITS de ces contradictions se succèdent de nos jours. Et je puis le dire, ils ne sont que trop multipliés.

JE dois, pour un sujet aussi important que celui-ci, rappeler dans ce résumé, la mesure généralement adoptée, exigée même aujourd'hui, pour l'exécution des travaux des bâtimens, la *célérité*. Cette mesure est tellement à la mode, que l'on voudrait que les édifices ordinaires, comme les plus considérables, ceux de tous les degrés enfin, s'érigeassent *au coup de sifflet*, ainsi que les *palais* et les *temples* paraissent sur le théâtre ; ou comme dans la fable, telles villes de l'antiquité, qui s'élevaient au son des instrumens.

C'EST dans cet esprit pour la *célérité*, que naguère, cette année 1819, en février, les feuilles périodiques, à l'occasion de la rapidité des progrès des travaux variés, étendus de tel édifice de la capitale, portaient : *l'on n'a mis que quatorze jours pour l'exécution*.

EN vérité, une telle mode, ainsi que je l'ai précédemment fait observer, concourt encore à la *Chute imminente de la science de la construction*.

AU milieu donc des innovations survenues dans le corps social depuis *trente années*, dans toutes les classes ; plusieurs ont été particulièrement fatales à l'Architecture, comme *art*, dans tout ce qui la constitue : triste vérité décriée et démontrée dans ce discours ; innovations si contraires à l'intérêt bien entendu du *trésor public*.

DANS cet état du bouleversement total d'institutions établies, sanctionnées par l'expérience ; *les amis de la gloire nationale sous le rapport des beaux arts* qui l'honorent et la servent efficacement, sont bien fondés à l'égard de l'Architecture, à faire des vœux, pour n'être pas les témoins de la *chute totale de cet art* qui ne peut exister sans la *science* de la *construction* ; sans l'affranchissement du *joug* qui opprime les architectes dans l'exercice de leur art.

UN orateur d'un rang élevé a reconnu « l'état de nouveauté et d'imper- » fection de nos institutions ».

Puis , dans un discours prononcé en *mars* 1819 , le même dit à ce sujet :

INSTITUTIONS , dont l'expérience dément les intentions et trompe l'espérance.

« Les institutions naissantes sont sujettes à d'inévitables oscillations. »

C'est pourquoi, sans doute , un autre orateur , s'explique ainsi :

« Nous sommes à une époque où tout se constitue et s'organise ».

Il y a donc toute raison d'invoquer une réorganisation en Architecture, d'après les citations précédentes.

L'institution nouvelle pour les architectes, substituée à l'académie , on le sait, fixe à *huit* individus privilégiés, nommés en masse , *section d'Architecture.* Or , de cette concentration résulte le monstrueux inconvénient que ceux d'entre ces messieurs, les plus influens, et il en est ainsi, ouvrent seuls les portes du petit *sanctuaire* dit *académique*; ce n'est pas tout. Les mêmes personnages qui se sont placés en première ligne , par ces moyens si connus et les plus fructueux pour leur propre compte, sont devenus, dans les *salons* il est vrai, les distributeurs des réputations en Architecture, qu'ils graduent selon l'esprit qui les anime sur le compte de tels et tels artistes. Voilà comment les architectes les plus capables, ceux d'une réputation établie sur leurs ouvrages, témoins muets, quoiqu'éloquens , de la mesure des talens des auteurs , sont méconnus des *ordonnateurs* contre les intérêts de la chose publique , en Architecture.

Voilà pourquoi on juge impossible le retour des *véritables académies* des beaux arts, qui n'existent plus , et dont le souvenir est l'effroi de nos privilégiés. Aussi est-il constant, que la nouvelle *institution* en ce genre est l'éteignoir de toute véritable et utile émulation en Architecture.

On lit dans l'ouvrage d'un amateur des beaux arts, aussi ardent en leur faveur qu'il est éclairé , la phrase suivante :

« Quels sont les hommes de talent, tant en peinture, sculpture et Ar-
» chitecture, qui se sont formés depuis la destruction des académies ? il est
» difficile de répondre à cette question (1). »

Si messieurs les *privilégiés* de cette section veulent être comptés au
rang des vrais *architectes*, quelles que soient leurs hautes prétentions, comme
tels, qu'ils me permettent l'avis suivant : leur intérêt bien entendu,
les ferait solliciter que leur nombre s'accrût dans la proportion nécessaire à
l'admission des artistes dont la réputation est bien établie ; de manière que
leur section, à cet égard, fût assimilée aux autres corps académiques avec
lesquels ils ne se sont *qu'agroupés*. Ces corps distincts ont eu le bon esprit
d'obtenir d'être en nombre égal à celui du passé (2). Cela leur fait honneur.

Un orateur distingué à tous les titres, a dit à la tribune (le 29 mai 1819):

*La splendeur des arts est utile à l'honneur de l'état, elle est utile à ses
intérêts.*

Faut-il qu'il en soit tout autrement ! Il n'y a plus chez nous de splendeur
dans les beaux arts ; et, quoique de courageux et d'honorables écrivains
s'expliquent en leur faveur, c'est sans succès.

Voilà comment, et par une réunion fatale de causes *directes et indirectes*,
l'Archirecture périt ; causes que j'ai exposées dans les deux parties qui
composent ce discours ; cet art périt, malgré les ridicules et insignifians
éloges que l'on ose faire de ses prétendus progrès, dans certains cercles,
par des phrases ampoulées, dans des écrits, par des jugemens dénués de
raison ; éloges encore, dont sont surchargés des *programmes* du jour, donnés

---

(1) Précis historique de l'origine de l'a-
cadémie royale de peinture, sculpture ,
etc., page 28. Paris, 1816.

(2) Que messieurs de la section d'Architecture ouvrent l'almanach royal, année
1819; ils liront, *Académie* française, *quarante ; Académie* des inscriptions , etc.
quarante.

pour les concours publics de l'école, et d'ailleurs, inintelligibles aux élèves par la prolixité des phrases, par la barbarie d'un style *anti-français*, qui composent ces mêmes *programmes*.

Le rapprochement suivant convient à ce sujet :

Dans les lettres, comme dans les beaux arts, tout chez nous marche de front, et de même allure.

En Architecture, l'enseignement est livré, on le sait, à..... et ce, dans la première école publique !

De même, l'enseignement des belles lettres éprouve en partie le même sort. Un ouvrage périodique s'explique sur l'éducation publique en ces termes :

« Depuis que nous avons signalé dans nos feuilles le honteux *barba-* » *risme,* etc. »

Dans un ouvrage périodique, naguère un artiste habile disait : *Partout les traces de l'ignorance, de la désorganisation et de la dégradation des arts se manifestent..... on gémira, mais on l'aura voulu, ou du moins on aura négligé d'arrêter le mal dès sa source, en méprisant le cri public qui se fait entendre de tous lieux.*

Résumons :

Les vœux exprimés dans cet ouvrage ne blessent les *intérêts légitimes* de personne ; ils appèlent une réforme salutaire en administration des bâtimens, qui soit en concordance avec le caractère vraiment libéral de l'Architecture ; conséquemment, en une concordance parfaite avec les véritables intérêts du service public, et de l'*économie* de l'*argent;* la réforme désirée n'admettrait que des mesures préservatrices d'un ordre nécessaire, et non pas de pure forme, comme est celui qui régit aujourd'hui tous les travaux publics ; assertions complettement démontrées dans les deux parties qui composent ce discours.

Et cependant, plusieurs voix éloquentes et sages doutent du succès de pareils vœux : l'on oppose une suite d'observations qui, dictées par des intentions louables, et d'un intérêt réel pour l'Architecture, doivent paraître ici ; ces observations sont les suivantes :

« Malgré les faits incontestables exposés dans ce discours, malgré tous les
» motifs qui militent pour l'accomplissement des vœux qui y sont exposés ;
» le retour de l'ordre réel, et non fictif, en Architecture, dans l'*ordon-*
» *nance* et la *construction*, duquel dépend en partie la solidité des édifices ;
» duquel essentiellement résulte le bon emploi de l'*argent ;* un si desirable
» retour est difficile à espérer. »

« Le premier des obstacles contre la *science de l'Architecture* est l'esprit
» du siècle sur les beaux arts en général, et qui la classe au rang des arts
» *industriels ;* esprit qui commande tout dans l'organisation sociale, et que
» savent si heureusement diriger à leur profit des personnages, véritables
» hermaphrodites, phraseurs imperturbables, qui, tout en dévorant en
» *frélons* le miel des *abeilles,* sont incapables, non seulement de rien pro-
» duire de bon, ni de vraiment utile ; mais même de concevoir le plan
» le plus mince, le plus commun. »

Pensez-y bien :

« En administration il n'est pas une faute dont quelqu'un ne profite. »

« Il était réservé à ce siècle bisarre, qui a solemnisé tant de pauvretés,
» d'avilir l'Architecture. »

« Se bercer de l'espoir de changement dans le régime actuel des bâti-
» mens, est méconnaître :

« Que les abus, une fois établis, deviennent presque irrémédiables. »

« Voila pourquoi l'*institution nouvelle*, dite *académique* en Architecture,
» composée seulement de *quelques sujets, gens de faveur* (1), réunion
» de vrais *privilégiés*, ainsi que vous les qualifiez avec justesse, fut établie à
» une époque où l'on proclamait que tout privilège était détruit en France !

» Naguère, en janvier 1819, un orateur a dit à la tribune :

« L'abolition de tous les privilèges est devenue l'unique loi politique des
» Français. »

« Malgré ces déclarations formelles, *huit* privilégiés spéciaux existent
» en Architecture ! D'ailleurs, apprenez que ces *messieurs* se jugent modes-
» tement l'*élite des architectes de France, et que à peine l'on compterait*,
» selon eux, *trois* sujets dignes de siéger dans le nouveau sanctuaire acadé-
» mique (2). Aussi, dans un pareil état de choses, il est impossible à l'ar-
» chitecte de reprendre le rang qui lui appartient; aussi la conséquence
» qui en résulte est qu'aujourd'hui :

» Il n'y a point d'art mécanique, ni de si vile condition où les avantages
» ne soient plus sûrs, plus prompts et plus solides que dans l'exercice de
» l'Architecture (3).

---

(1) Cette institution, créée en 1796, d'abord se composait de *six* membres architectes; puis en mai 1815, dans *les cent jours*, le nombre en a été élevé à *huit*.
Note de l'auteur, sur ce paragraphe de l'observateur.

(2) Avis aux petits ambitieux aspirant à se faire compter, un jour, au nombre des *trois* seuls architectes dignes d'être choisis par MM. les privilégiés.
Note de l'Auteur.

(3) Frappé moi-même de sembla-bles idées, comme l'est notre *obser-vateur*, consulté par des chefs de famille sur le choix à faire de l'état d'architecte pour leurs fils, je les en détournai; car, quelqu'heureusement nés qu'ils puissent être, pourvus d'imagination, qualité essentielle à réunir pour acquérir des talens, et la science en Architecture; dans cette carrière, ils seraient abreuvés de dégoûts, exposés aux chances les plus tristes, les plus hasardeuses.
Note de l'Auteur.

16

» PAR le régime administratif, avec le *pouvoir universel de bâtir*, l'archi-
» tecte n'est qu'un *simple employé*, un serviteur obligé de tout sacrifier dans
» son art pour satisfaire au *pouvoir suprême* qui modifie, change, altère les
» plans de tous les travaux publics; sinon, le malheureux artiste serait
» suspendu de ses fonctions, ou même destitué de ses attributions.

» RÉFLÉCHISSEZ donc, continue-t-on, à vous bien persuader qu'en Architec-
» ture, de nos jours, ainsi que vous l'avez dit à propos, l'art et la science
» ne sont rien aux yeux de l'*ordonnateur* en fonction; toutes les pertes qui
» se succèdent dans les travaux de bâtimens, ne sont reconnues que par les
» architectes habiles, savans, et ils sont dédaignés; leur expérience n'est
» comptée pour rien. En vain vous publiâtes en 1805 (1), sur le pont nou-
» veau de la Cité, qui venait d'être établi, *que la nature et l'espèce des*
» *constructions n'avaient point la solidité nécessaire*; et aujourd'hui, huit
» septembre 1819, il est en pleine démolition (2).

» LA science, je le répète, est tellement méconnue à cet égard, que l'on
» a vu (en 1813) un personnage, simple imagier en Architecture, pronon-
» cer contre un rapport relatif à une restauration majeure d'un édifice pu-
» blic de première classe; rapport rédigé avec sagesse; et cette audace a
» neutralisé l'utile avis que portait ce rapport, il a été de nul effet. Aussi,
» le mal s'est-il accru; et il a fallu enfin se livrer, après un court espace de
» temps, à des travaux considérables.

» COMMENT expliquer les dires que renferment certains écrits du jour,
» sur les prétendues *doctrines erronnées* qu'on professerait en Architecture,
» dans l'école spéciale actuelle, tandis que l'on n'en enseigne aucune? cela
» est à la connaissance de tout architecte attentif à ce qui a lieu à cet
» égard.

---

(1) De l'impuissance des mathématiques pour assurer la solidité des bâtimens, pages 11 et 12.
Note de l'Auteur.

(2) Cela est de notoriété publique;
j'ai vu moi-même les démolissemens en
activité.
Note de l'Auteur.

» En effet, les cours différens dans cette même école que vous avez dési-
» gnés avec fidélité dans la première partie de ce discours (pages 24 et
» 25), consistent :

» 1° Dans des leçons d'élémens de mathématiques qui conviennent à
» tout le monde, et faites par un mathématicien proprement dit ;

» 2? Dans des leçons de coupe des pierres que l'on appelle si ridicu-
» lement *cours de construction ;* tandis qu'elles ne peuvent être de quelque
» utilité qu'aux ouvriers pour les faire *appareilleurs.*

» De plus, le même professeur, homme du métier, apprend à qui veut
» l'entendre, les règles admises pour le *toisé* des différens travaux de
» bâtimens, en sorte que le petit nombre d'auditeurs qui l'écoutent peuvent
» être dirigés vers l'état du *toiseur.*

» 3° Quant à la chaire d'architecture que les élèves architectes suivent
» tous, ils n'y reçoivent ainsi que vous l'avez justement observé, par chaque
» mois de l'année, que la communication d'un programme pour la compo-
» sition d'un projet quelconque ; à cela seul se borne, depuis la révolution
» jusqu'à ces jours-ci mêmes, septembre 1819, le cours proprement dit
» d'Architecture.

» Que l'on cesse donc de présenter sous un aspect absolument faux,
» les cours divers publics et actuels de l'école spéciale d'Architecture ; que
» l'on cesse de nous dire que :

Les constructions modernes sont dues à la routine; unique ressource des
écoles.

» Il n'existe à Paris maintenant, et seulement pour l'exécution des bâ-
» timens, que l'école royale gratuite de dessin, où les professeurs gens
» éclairés, chacun dans la partie qu'il enseigne, instruisent les jeunes ouvriers
» de ce qu'ils doivent savoir.

16.

1° Les élémens de mathématiques.

2° La connaissance des plans, élévations des bâtimens.

3° La coupe des pierres.

« C'est vraiment dans cette école, que conviennent de pareils cours pour
» former des ouvriers, chefs d'ateliers , de maçonnerie, charpente, menui-
» serie et serrurerie, et non pas des architectes qui, pour exercer cet art,
» doivent être pourvus d'une forte conception et nourris par les études les
» plus étendues de la science de la construction, conditions essentielles
» rappelées à propos dans ce même discours.

. » Reconnaissons donc que, dans l'école spéciale d'Architecture, l'on
» n'enseigne aucune *doctrine erronnée*. Les leçons de mathématiques sont
» confiées à un savant distingué, la coupe des pierres est dans les mains
» d'un appareilleur habile, initié en géométrie, tandis que le professeur
» d'Architecture dicte seulement des programmes. »

Et, comment n'en serait-il pas ainsi à l'égard de celui-ci ? il fait ce qu'il
peut au moment de sa nomination, il n'était point hors des limites de l'âge
requis.

« En effet, un réglement relatif à la fonction du professeur à l'école
» publique d'Architecture, établi depuis la destruction de l'académie,
» porte :

Qu'a soixante ans on serait *inhabile à professer dans les écoles !*

Quoi ?

« La chaire de la première école d'Architecture de la France, celle de
» Paris; laquelle exige chez le professeur un grand fonds d'instruction ,
» chaire qui veut de lui, qu'il soit pourvu par la nature d'un esprit noble,

» élevé; qu'il soit inspiré par une imagination féconde dirigée par un juge-
» ment sain; chaire qui commande de parler et d'écrire avec précision, clarté,
» justesse, pour être entendu et compris par les élèves qui se vouent à ce bel
» art; cette *chaire* enfin, ce *professorat* qui exige une expérience réfléchie, qua-
» lités cependant que ne peut posséder un architecte d'un ordre si élevé, qu'il
» n'ait atteint un âge avancé, se verrait limité de la sorte! Malgré toutes ces
» considérations pour le succcès des cours publics d'Architecture, un régle-
» ment *insensé, anti-Architecture,* frappe d'exclusion pour l'enseignement, la
» classe seule capable de produire les hommes les plus propres à une fonction
» aussi honorable qu'elle est difficile. Les *privilégiés* du jour, en juges supré-
» mes dans les beaux arts, ne veulent pour *professeurs* que de *jeunes têtes !* »

» En vérité, c'est bien le cas de citer le paragraphe suivant :

« Depuis l'âge d'or, tout allait nécessairement de mal en pis, croyaient
» nos pères; nous qui avons découvert au contraire que tout en ce monde
» va, et doit aller nécessairement de mieux en mieux, nous n'avons rien de
» si sage à faire que d'humilier notre raison devant le génie de nos enfans ;
» de prendre en pitié nos pères, de n'attacher nulle importance à toutes ces
» choses qui n'ont pour elles que l'autorité des siècles ».

« Par suite, continue *l'observateur,* de l'indifférence pour la science de
» l'Architecture, bien démontrée par le misérable système actuel de l'ins-
» truction publique sur cet art, on semble être insensible aux effets qui
» se développent dans des édifices même récemment érigés et frappés *de
» rapides destructions;* ces effets sont invoqués en vain en preuves éclatantes
» de l'abrogation de la vraie science en Architecture; les esprits les plus in-
» fluens en régime des bâtimens, restent persuadés à l'égard de cette
» branche d'administration, qu'il en est de même pour elle, comme pour
» toutes les autres branches qui régissent la société entière ; *que tout va et
» doit aller nécessairement de mieux en mieux.*

» Il faut en tout aux hommes des catastrophes; seules, elles fixent leur
» attention sur les objets; et encore, le souvenir en est bientôt effacé de leur

» mémoire ; car les exemples réitérés de nos jours, de l'espèce dont il
» s'agit, et qui se succèdent, ne me causent aucune impression durable.

» TELLES, les démolitions obligées des bâtimens érigés en 1778, etc., à
» *Bicêtre* et *à la Pitié*, que vous avez décrites précédemment (1), n'ont
» laissé qu'un léger souvenir.

» TELLES sont encore les reprises (an 1818), faites sous œuvre, du bâtiment
» dans un établissement public, à peine sorti des mains des ouvriers, afin
» de le défendre de sa chute; travaux qui ont exigé l'application de *quatre*
» *chevallemens* différens et de *nombreux étais ;* toutes dépenses qui n'au-
» raient pas eu lieu si les plans et les constructions eussent *été* tracés par la
» *science , l'expérience , le talent.* Car ces reprises faites après coup ont
» été commandées par des surélévations *inconsiderées; reprises cependant*
» qui laissent ce bâtiment dans un état éventuel sous les rapports de la soli-
» dité, assertion incontestable d'après les principes. Le public attentif a vu
» avec les plus justes regrets ces opérations inconsidérées. Ces faits sont
» authentiques et publics. Il est fort à craindre que l'oubli total des lois de
» la solidité, qui s'est fait voir dans les travaux dont il s'agit, ne se propage
» dans ceux qui succéderont dans le même établissement.

» CETTE citation importante, votre discours ne la contient point, elle
» devait y paraître; je répare votre omission.

» J'AJOUTERAI encore un autre fait, en ce genre, récemment constaté, le
» voici :

» LES concours de l'école royale de musique et de déclamation ont com-
» mencé le 9 de ce mois (août 1819); ces concours n'auront pas lieu,
» comme l'année dernière, dans la grande salle des menus plaisirs, à cause
» des réparations que l'on y exécute ».

---

(1) Première partie de ce discours, pages   Paris, août 1818.
40, 41, et les suivantes.   *Note de l'Auteur.*

» Il est difficile de concevoir d'abord qu'un bâtiment construit à grands
» frais, il y a quelques années seulement, puisse déjà menacer ruine et néces-
» siter des réparations, l'urgence en a cependant été constatée (1).

» C'est ainsi que les dépenses progressives des bâtimens publics n'ont
» point de terme, tout en construisant, assure-t-on, avec *économie*. Il n'est
» pas de *jonglerie* plus misérable.

» Chez nous, c'est lorsque les abus sont portés à leur comble, qu'on se
» décide à y porter remède.

» D'ailleurs, le système actuel administratif des travaux publics a trop
» d'attraits pour les esprits légers qui veulent tout conduire sans efforts et
» sans peine; l'observation rigoureuse des réglemens qu'ils ont imposés, leur
» suffit. Un pareil système doit donc se soutenir en faveur; les grands mots
» économie provisoire, tant en usage, en imposent à des gens même clair-
» voyans. Et, selon la remarque que vous en avez faite dans ce même dis-
» cours, il est bien constant qu'avec les mesures nouvelles de bâtir, tant
» *économiques*, des sommes énormes *d'argent* sont dépensées en travaux
» publics; et que les résultats sont et seront une inévitable récolte de gravois,
» plus ou moins prochaine. Cette réflexion n'est que trop fondée, elle vous
» appartient; je l'adopte; et les faits les plus authentiques la légitiment :
» vos devoirs d'architecte, de citoyen, vous l'ont inspirée; vous avez dû la
» publier.

» Malheureusement, nous n'avons rien de si sage à faire que d'humilier
» notre raison devant le génie de nos enfans, de prendre en pitié nos pères,
» dont les observations les plus claires, les plus convainquantes, dictées
» par les principes *du vieux temps*, sont sans intérêt; au contraire, le ré-
» gime nouveau en bâtimens est jugé infaillible pour l'ordre des finances,
» et accueilli comme tel, par des protecteurs incapables d'y rien com-
» prendre.

---

(1) Journal de Paris, 18 août 1819.

» Malgré l'ardent esprit qui dédaigne si orgueilleusement le passé, l'on
» pourrait dire du *régime économique* en bâtimens :

» De même que les branches gourmandes dévorent les substances les plus
» précieuses des arbres, destinées à la production des meilleurs fruits; de
» même le régime nouveau des bâtimens évapore la sève la plus essentielle
» de la société, l'*argent*, dans le service des travaux publics qui dépendent
» de l'Architecture; et cet état est désespérant pour les amis éclairés des
» beaux arts, et dont sans orgueil je déclare faire partie. »

Le même observateur poursuit le cours de ses réflexions; elles sont de
nature, nous le pensons, à intéresser le lecteur.

« Il est constant, dit-il, que le goût des études est bien changé depuis la
» révolution, il a pris une direction nouvelle; les sciences *mathématiques ,*
» *chimiques , mécanico-chimiques , géologiques , zoologiques ;* l'étude de la
» conformation d'un *chacal* (1) ou l'organisation d'un *polype* (2), voilà les
» connaissances qui ont presque exclusivement de l'attrait pour les classes
» de la société formées par une certaine éducation. »

Au contraire :

« La haute littérature, les arts ne jettent plus que des lueurs rares et
» éphémères; la littérature est muette, tandis que la science ne déparle pas;
» la presse est devenue toute savante; la science entasse volume sur vo-
» lume (3), et cherche avec une ardeur infatigable des causes qu'elle ne
» devinera jamais. »

---

(1) L'on a vu à la ménagerie du jardin
du roi, un *Chacal* de l'Inde, en novembre
1818 ; l'histoire naturelle de Buffon ,
livre des animaux quadrupèdes, article
de l'*Hyène* , traite de cet animal.

Le *Chacal* est sauvage , sa taille est
celle d'un gros renard.

(2) Polype, animal regardé comme le
lien qui unit le règne *végétal* au règne
animal. Contemplation de la nature, par
C. Bonnet, VIIIe partie , chapitre XVII,
tome 1er.

Note de l'Auteur.

(3) Le seul dictionnaire des sciences mé-

Car :

« LA divinité a voilé la nature d'un nuage épais ».

Quelle erreur , hélas ! de vouloir arracher des secrets que le sort a voulu nous cacher !

« Aux temps présens, les éloges les plus variés sont prodigués aux déve-
» loppemens merveilleux dans tous les genres de l'industrie nationale : chez
» nous, *le génie* abonde de toute part ; les bras industrieux se multiplient ;
» tout est lumière !

» CEPENDANT il est constant que les arts d'imagination ont peu profité.
» Mais, qu'importe ces frivoles hochets des nations au berceau ? les attri-
» buts du siècle ne sont ni la lyre du poète, ni le crayon de l'archi-
» tecte, c'est la cornue.

» ET par une suite nécessaire de cet esprit du siècle, les beaux arts n'of-
» frent plus qu'un vaste champ où les chardons croissent au profit de quel-
» ques ignorans.

» L'ESPRIT du siècle est un torrent qui entraîne la masse de la société.

---

dicales compte quatre-vingts auteurs! Cet ouvrage, loin encore de sa fin, était déjà composé de *XXVI* volumes in 8°, chacun de six cents pages, à l'époque de juillet 1818. En décembre, même année, le nombre des volumes s'élevait à *XXX*; et les tomes *XXXI* et *XXXII* sont dans les mains du public, depuis le mois de février 1819. — Un autre ouvrage, le Nouveau Dictionnaire d'histoire naturelle, compte XXVII tomes in 8°, contenant chacun *six cents* pages ; le dernier de ces volumes comprend les lettres P. A. C. P. O. R. Le même ouvrage, en septembre 1819, est parvenu au 33e volume S. E. O. T. H. E. lesdits volumes forment près de 1800 pages d'impression. Il ne reste plus que trois volumes à publier, pour compléter cet ouvrage.

Note de l'Auteur.

17

» En vain donc invoqueriez-vous l'application des principes communs
» aux beaux arts ; en vain vous exposeriez avec toute raison, qu'en Archi-
» tecture, l'artiste doit essentiellement posséder :

« LE don de l'inspiration, et cette étendue de génie qui embrasse tout
» un plan, qui en fait concourir tous les détails à un but unique et déter-
» miné ;

» LE DON DU GÉNIE, sans lequel, je le répète avec vous, me dit l'observa-
» teur, il est impossible de concevoir toutes les parties du plan d'un édifice,
» de les coordonner et d'en faire un ensemble, d'y employer tous les
» moyens d'*ordre*, d'*harmonie* et de *disposition*, d'où résulte, régularité,
» liaison dans la composition entière, toutes conditions rappelées au com-
» mencement de cette seconde partie de votre discours, et sans lesquelles il
» il n'y a point d'Architecture ».

« VOICI néanmoins le jugement porté naguère, dans des feuilles pério-
» diques, relatives aux beaux arts ; vous saurez que :

« L'ARCHITECTURE est un art créé tout entier par la main des hommes »,

« POUR la construction de ses édifices ; l'architecte n'a pas besoin du se-
» cours des autres arts, les sciences exactes seules lui suffisent ».

« Apprenez encore, que :

« L'ARCHITECTURE est un résultat de science et d'art ».

« VOILA le cercle vicieux dans lequel l'on s'efforce de circonscrire les
» idées de L'HOMME D'ÉTAT ; de surprendre son opinion sur l'Architecture, et
» cela, au siècle des lumières !

» A la vérité, le chapitre de *l'impuissance* des *mathématiques*, publié en
» (i8o5), et que vous citez dans ce discours, avait répondu à l'avance, et

» victorieusement, à de pareilles assertions; vous y avez clairement démontré
» que l'Architecture n'exige point des connaissances profondes en mathéma-
» tiques; qu'elle n'en dépend nullement, ni pour *l'invention*, ni pour la
» *construction.*

» Mais consolez-vous. Si l'Architecture a ses détracteurs, elle a aussi ses
» partisans. J'ajouterai aux dires variés des amateurs de votre art, que vous
» avez consignés dans ce même discours, la définition suivante de l'Archi-
» tecture, par un écrivain instruit; il s'explique en ces termes :

« Cet art est le premier de ceux qui ont le dessin pour base, les autres
» sont ses tributaires; la peinture et la sculpture n'ont toute leur valeur que
» lorsque l'Architecture sait les employer à propos et leur fournir un cadre.
» Pour juger de l'Architecture, c'est sur le terrain, c'est dans les monumens
» eux-mêmes qu'il convient de l'examiner (1) ».

« D'ailleurs, ajoute l'*observateur*, il est constant que l'Architecture per-
» drait tout son éclat, sa *grandeur*, sa *force*, par l'application des calculs
» algébriques; par la solution de *théorèmes* et de *problèmes* en mathé-
» matiques; et pour ceux qui s'y sont confiés, tout a été erreur dans leurs
» constructions. *Soufflot*, cet architecte estimable, n'a que trop démontré
» dans le temple de Sainte-Geneviève, le danger d'invoquer le secours des
» sciences exactes pour la solidité de son édifice (2).

» Les définitions que renferme ce discours de l'*Architecte* et du *bâtisseur;*
» celles de l'*Architecte* et de l'*expert;* sont capables de fixer l'attention des
» hommes clairvoyans, et d'un esprit exercé.

---

(1) Essai sur les Beaux-Arts. Page 401.
A Paris, 1817, 1818.
(2) Les différens mémoires que j'ai publiés sur cette grande fabrique, à compter
du mois de mars 1797 (il y a vingt deux
ans), donnent des détails qui ont fixé
l'attention des amis des beaux arts; deux
de ces mémoires sont à leur seconde édition.
                    Note de l'Auteur.

» Vous avez suivi la leçon utile :

« Définir les termes est toujours le premier pas pour vaincre l'erreur ».

« Quant aux principes que vous professez, ils sont puisés à des sources
» saines ; et dans les faits divers cités, les extraits nombreux que vous in-
» voquez, sont, les premiers, inattaquables., les seconds, exacts et vrais.

» Il est évident, à l'égard des principes spéciaux à l'Architecture, que les
» raisonneurs scientifiques du jour »,

Voudraient que :

« Comme eux, franchissant lestement la barrière des principes, on
» arrivât immédiatement avec eux, sur le terrain des chiffres, où ils se
» croient assurés du succès. C'est sur ce terrain qu'ils concentrent toutes
» leurs forces ; c'est-là que, cherchant à substituer à toutes les règles en
» Architecture, les seules règles de l'algèbre, ils prétendent séduire et con-
» vaincre par l'appât des sommes considérables à économiser dans l'exécu-
» tion des bâtimens publics.

» Voilà pourquoi les cours à l'école de *mathématiques*, de *stéréotomie* ne
» roulent que sur la coupe des *pierres* et le *toisé* des travaux publics, cours
» que ne suivent point les *élèves* architectes, ce qui est certain ; vous
» l'avez prouvé (1).

. » Et cependant ces deux espèces de cours sont placés aux premiers rangs
par *nos raisonneurs*.

_____

(1) Voir à ce sujet, les pages 26, 27 de la première partie de ce discours. Le Jury a jugé le 1er septembre 1819 un concours de coupe des pierres, et sur les deux nombreuses classes nouvelles d'élèves archi-tectes, trois sujets concouraient. L'un d'eux était étranger à l'école.

Il en est de même pour les concours en mathématiques.
Note de l'Auteur.

» Il ne faut point se le dissimuler ; l'insouciance pour la véritable ins-
» truction nécessaire aux élèves architectes , résulte de cette *force direc-*
» *trice,* qui domine par une sordide *économie;* sourde à toute remontrance,
» elle soumet au calcul le plus strict les monumens qui exigent le plus de
» grandeur et d'étendue dans leurs proportions , de majesté dans leur en-
» semble et de solidité dans leurs parties.

» Il est constant que tous nos monumens sont dénaturés dans les premiers
» plans par cette *force directrice,* soumis par elle aux plus vains systêmes de
» bâtir; soumis encore dans l'exécution au mode le plus dangereux sous tous
» les rapports , je veux dire les soumissions de prix, les adjudications , etc.,
» etc. Ces causes diverses dépouillent nos édifices, ceux même qui en exigent
» le plus, de *grandeur* dans leurs *proportions;* de *majesté* dans leur *ensemble,*
» et de *solidité* dans leurs parties.

» Ces réflexions , que je saisis , deviennent une adhésion à celles
» que vous faites dans l'*article sixième* de la première partie de ce dis-
» cours : *Examen des deux plans de l'église de la Madeleine,* dans lequel
» les idées qui composent les deux précédens paragraphes sont puisées. »

« Puis, continue notre *amateur,* si louablement zélé pour l'Architecture, il
» ne suffit pas que vous ayez précisé les causes *directes* et les causes *médiates*
» qui nuisent complètement à un art si beau, si précieux; je dois parler
» d'autres causes *indirectes, immédiates* qui concourent à la ruine de l'Ar-
» chitecture, et que votre discours n'expose point.

» Les causes *indirectes* sont les *dépréciations* les plus impolitiques, les
» *propos* les plus injustes, répandus journellement contre les architectes;
» on peut dire de ces artistes :

Repleti sunt despectione.

» La *calomnie,* monstre qui dévore le corps social, qui dans l'ombre
» prépare ses poisons, les poursuit à outrance ;

» La *calomnie*, délit si multiplié de nos jours, disait un magistrat dis-
» tingué, dans son discours prononcé au tribunal (en décembre 1818).

» Le *mensonge*, sa compagne, la plus grande des bassesses, s'exhale de
» la bouche du méchant, comme l'écume coule des lèvres de l'hydro-
» phobe (1).

» L'on me cite, il est vrai, et je le sais, dans les déclamations injurieuses
» faites contre les architectes; on ne fournit aucune preuve des délits
» de tels ou tels de leur classe; mais, par un perfide mélange, on fait re-
» tomber sur eux en masse, et sur chacun en particulier, selon les circons-
» tances utiles aux fins du menteur, tout le poids des inculpations.

» La prévention contre les architectes est tellement répandue, de nos jours,
» dans la société, qu'un *orateur*, homme d'esprit, en juin de cette année, à l'oc-
» casion de fortes dépenses à faire pour la construction d'un bâtiment public,
» n'a pas hésité d'exprimer sa méfiance sur le compte des architectes.

» On ne peut se le dissimuler, nous sommes arrivés à une période toute
» semblable à celle qui eut lieu chez les Grecs, temps où des philosophes (ils
» osaient prendre ce nom) ont soutenu qu'il n'existait rien d'essentiellement
» juste, doctrine mensongère, erreur reproduite encore par *Carnéade*, qui ne
» craignit pas d'appeler la justice, une souveraine extravagance, une *géné-*
» *reuse imbécilité* (2).

» La *justice*! accordée aux hommes par Jupiter! (Homère.)

---

(1) Le mensonge est si familier, de nos jours, qu'en décembre 1818, vivement heurté pour l'honneur des beaux arts, et de ceux qui les exercent avec distinction; que heurté, dis-je, d'un certain article tissu de fables,

J'écrivis à la marge :

Quel mensonge ! *Note de l'Auteur.*

(2) Histoire de la législation, tome 1er Paris, 1817.

Carnéade de Cyrène, orateur et philosophe, chef de la troisième académie, mourut l'an 4 de la CXXe olympiade. Il vécut 320 ans avant Jésus-Christ.

Note de l'Auteur.

» LA JUSTICE, *le fondement de tout gouvernement !*

» LA JUSTICE, qui, selon la maxime des orientaux, procure plus de bien
» aux peuples que les grandes armées ; la JUSTICE, qui défend plus sûrement
» les ÉTATS que les citadelles les mieux fortifiées !

» LA JUSTICE enfin, non moins inviolable que la souveraineté !

» LA société, pour être durable, doit avoir pour base la justice (1). »

« LE temps actuel est la moisson des ambitieux sans pudeur, intrigans
» actifs, vrais marchands d'*orviétan ;* ils se moquent de tout, pourvu qu'ils
» prospèrent. En vain Horace leur dit :

> *Nemo repente dives sine facinore.*

» ILs ne connaissent et ne pratiquent que trop la leçon :

> *Carpediem, utere presenti.*

» Nous vivons dans un siècle où l'on fait tout pour soi, et rien pour
» la postérité. »

Nous tombons rapidement vers la perfectibilité.

Aussi, on peut le dire aujourd'hui :

« Tous les secrets de la politique du crime sont mis en pratique ; et l'on
» sait combien elle est féconde en ressources, combien elle est puissante par
» l'indifférence des moyens qu'elle emploie. »

Un autre écrivain de nos jours, ajoute sur le même sujet :

---

(1) Pensée d'un orateur, émise à la tribune, en mars 1819.

« Jamais siècle ne prêta plus que le nôtre à la satire des mœurs; quelles
» effrayantes peintures il offrirait à un Juvénal ! »

« Dans le siècle présent, sa mordante hyperbole serait restée au-dessous
» de la vérité. De nos jours cependant, un de ses imitateurs s'est armé d'une
» sainte indignation, et, sans respect pour le rang et la grandeur, vient
» fouetter d'un vers sanglant nos grands hommes d'un jour.

» Enfin, il est constant que :

« L'excès de la civilisation ramène graduellement à la barbarie. »

« Dans un pareil état social, il n'existe aucun espoir de retour à l'ordre
» naturel, au régime propre à l'Architecture.

» Cessez, cessez de penser qu'il soit possible, ainsi que par le passé, de
» suivre cette noble carrière, avec jugement et goût; de s'attacher à ses
» devoirs pour en obtenir la récompense dans une confiance méritée, néces-
» saire au service des bâtimens publics; c'est un vain espoir. »

Voilà une série d'argumens d'une force accablante ;

Voilà une réunion désespérante de causes destructives de l'état d'architecte.

C'est ainsi qu'aux citations variées que j'ai invoquées moi-même, dans
les deux parties de ce discours, toutes prises dans les ouvrages de littéra-
teurs qui connaissent et aiment l'Architecture, qui la défendent avec autant
d'esprit que de justice, viennent se réunir les réflexions sérieuses et graves
de notre observateur : ces citations sont toutes d'écrivains qui desirent également la gloire de la France par les lettres et les beaux arts.

Un tel concours de sombres idées que l'état actuel de l'Architecture a
fait naître, est d'autant plus pénible pour nous, qu'attachés spécialement au

culte de ce bel art, nous lui consacrons nos veilles, nous qui pensons *comme nos pères sur la marche rétrograde des beaux arts.*

CEPENDANT, ne nous laissons pas abattre; au contraire, disons avec Milton :

« TOUT a son terme; l'instabilité des choses que le temps dispose à des
» révolutions continuelles, nous permet de nous flatter de quelques chan-
» gemens heureux. »

> . . . , ... *Imperium Jovis*
> *Cuncta supercilio moventis.*

EN effet, l'*espérance* qu'un poète philosophe (1) donne pour compagne assidue à l'homme malheureux; cette divinité consolatrice, l'*espérance*, nous rassure et nous offre un meilleur avenir, quoique *tout tende à détruire la dignité et l'honneur attachés à un titre (celui d'architecte) qui n'eut jamais dû être accordé qu'au génie et aux talens* (2).

O Architecture, toi qu'Homère appelle art merveilleux; toi dont il attribue l'origine à un DIEU, tu as constamment été chez les peuples les plus éclairés l'objet des études des hommes de génie; car de nos jours encore, chez les étrangers mêmes, des hommes distingués par leur rang, leurs lumières, leur amour pour les *arts*, se vouent à l'étude de l'Architecture; il en est qui, pour en accroître les connaissances, entreprennent de longs, de pénibles et dispendieux voyages dans les régions les plus célèbres par les ruines d'Architecture qui s'y trouvent (3).

---

(1) Pope, essai sur l'homme.

(2) De l'art du dessin, chez les Grecs, etc. Paris, an 1816.

(3) M. Le baron *Haller*, danois, était du nombre de ces amis ardens de l'Architecture; il parcourait la *Grèce* depuis plusieurs années, et c'est dans la vallée de Tempé, au bourg *d'Ambelaki*, qu'il a terminé ses jours (an 1819). Honneur à la mémoire de ce courageux amateur des beaux arts.

ARCHITECTURE! toi que l'un de nos écrivains éloquens de ce jour, juge délicat, nomme le premier de tous les *arts par la grandeur et la noblesse,* (telles sont ses expressions) ton flambeau ne s'éteindra point en France, malgré les souffles nombreux et violens qui l'agitent en tous sens; tels :

L'INTRIGUE, l'intérêt personnel, les plus actifs, l'ignorance, le mépris de l'art et de la science, hideuses passions si prospères de nos jours à ceux qu'elles obsèdent.

L'ARCHITECTURE n'a-t-elle pas aujourd'hui les motifs les mieux fondés et les plus puissans *de quelques changemens heureux ?*

« LE retour de la paix; les bienfaits qu'elle promet à la France, qu'elle
» lui assure par la suite, font espérer aux lettres et aux beaux arts de re-
» couvrer bientôt leur première considération. Cet espoir est fondé sur des
» tems de calme et de prospérité, sans lesquels les arts languissent ou
» plutôt disparaissent des états (1). »

Et, comme l'a dit un amateur distingué :

« LES arts sont avec les lettres nos plus beaux titres (2). »

DÉJA, le ROI, ce PRINCE protecteur éclairé des beaux arts, n'a-t-il pas accordé à la *peinture* et à la *sculpture,* les faveurs les plus signalées ? (3).

LE ROI n'a-t-il pas employé, dans son discours prononcé du haut de son trône, l'expression suivante :

---

(1) La Maltéide, poème; Préface, page 3, par M. Halma jeune. Seconde édition, Paris, 1817.

(2) Essai sur les beaux arts, etc., à Paris, 1817 et 1818.

(3) Les tableaux marquans, plusieurs morceaux de Sculpture exposés au salon de 1817, étaient commandés par le ROI et les PRINCES de sa famille.

LE ROI a fait d'ailleurs, l'acquisition

« De nouveaux chefs-d'œuvre des arts excitent l'admiration (1) ».

Louis xviii veut que tous les arts fleurissent sous son règne ;

« Louis aime , cultive, honore les beaux arts (2) ».

Le Roi, à l'exemple de ses aïeux , protégera l'Architecture ; il ordonnera que les édifices qu'il fait ériger, cessent d'être dénaturés dans leur *ordonnance,* vicieux dans leur *construction ;* qu'ils cessent d'être *uniformes* et dépouillés du linéaire , partie essentielle qui en fait tout le charme ; linéaire qui s'accorde si heureusement avec les masses qu'il décore et embellit.

Le Roi commandera que chacun des monumens exécutés sous son règne, soit *beau* et *solide ;* chacun ayant le caractère qui lui appartient; tous empreints du style propre à leurs auteurs. Pour l'avenir , nos édifices nouveaux, comme ceux érigés par l'auguste famille de notre souverain, transmettront à la postérité des modèles , des chefs-d'œuvre capables de fixer son admiration, et de l'instruire (3).

Sans doute les batteries de toutes les natures mises en jeu de nos jours, contre les architectes : *discours , écrits , diffamation ,* etc., aussi

---

d'un nombre d'autres tableaux ; il a accordé des *médailles d'or* à plusieurs peintres.

(1) Séance royale pour l'ouverture de la session de 1817, 5 novembre.

(2) Traduction en vers des odes d'Horace. Par E. A. de Wailly.

Paris, 1817.

(3) Le trait cité (1re Partie de ce discours, page 62, note 1re) à l'occasion de *l'Eglise de la Madeleine ,* sur l'attention du Monarque à demander d'en connaître

l'architecte, donne à ces idées une raison évidente. En effet, l'architecte a été appelé de nouveau le 6 *mai* 1818 au conseil des Ministres, présidé par sa Majesté; et les questions faites à l'artiste par le Roi lui-même , sur les plans développés sous ses yeux et ceux des Ministres , ont prouvé que sa Majesté en avait pris une connaissance particulière.

Ce second trait exact et sûr nous console et nous rassure d'autant plus.

variés que multipliés ; sans doute ces batteries odieuses produisent les effets les plus nuisibles contre cette classe d'artistes.

Mais, n'en doutons pas , les détracteurs fédérés de l'Architecture verront pâlir leur étoile, la vérité reste debout; et, à travers les mensonges du présent, sa voix retentira dans l'avenir : devant elle, toutes les illusions s'évanouissent; et cette conviction donne le droit de tout espérer à cet égard.

« La providence garde dans les trésors de sa justice de quoi confondre » la victoire éphémère des méchans, et relever les opprimés de leur dé- » faite (1). »

Un défenseur officieux qui s'intéresse par goût à l'Architecture, disait naguère :

« Oui, une force puissante, la force irrésistible des choses doit néces- » sairement renverser les ennemis d'un art aussi essentiellement utile à la » société. »

L'impudence , l'orgueil, la tyrannie, sont l'apanage des parvenus ; et tels sont les ennemis les plus actifs de l'Architecture ; cette classe audacieuse a tout fait pour être assise à la première table mise au monde par Jupiter (2).

Aussi :

« De même que l'élévation de ces parvenus a été rapide, leur règne sera

---

(1) Réflexion remarquable d'un ma- gistrat aussi distingué par son rang que par son esprit.

Extrait d'un discours prononcé par lui en novembre 1817.
(2) La Fontaine.

» de courte durée; et c'est alors qu'on voit périr sur le théâtre du monde, les
» personnages qui ont fait le plus de mal dans diverses scènes (1). »

Paucis temeritas est bono, multis malo.

ENFIN ;

Nil inultum remanebit.

TELS sont les derniers motifs de nos espérances.

LORS donc que, par la force irrésistible *des choses,* par leur *instabilité,* renaîtra un ordre simple, régulier, dans l'administration des bâtimens publics; alors les plans conçus, tracés par l'architecte habile, savant et probe, seront conduits et exécutés par lui seul; aucun être parasite n'entravera sa marche, aucun audacieux ignorant ne s'avisera d'arrêter l'essor du savoir, comme cela arrive journellement. Quelques traits, au milieu de la foule qui en existent, ont été cités dans ce même discours. Désormais, le pouvoir universel de bâtir pour tous les architectes, si destructeur de l'ordonnance et de la construction; ce pouvoir usurpateur cessera de régner. Cette machine instituée par lui, et décrite au commencement de cette seconde partie, ce lévier commode et misérable cessera son jeu totalement pour l'avenir; et, après l'achèvement de ses travaux, l'architecte rendra le compte le plus exact des dépenses qu'ils auront occasionnées, et cela, avec une vive satisfaction, à l'ordonnateur quelconque, constitué à cette fin unique par l'AUTORITÉ.

C'EST ainsi que la solidité et la véritable économie seront garanties au GOUVERNEMENT.

SI donc, un jour, une pareille régénération s'opérait, les architectes connus par leurs ouvrages, recouvreraient la confiance qui leur est due.

---

(1) La Bruyère.

« LA confiance, a dit un orateur moderne, est l'aiguillon qui excite le
» plus puissamment au devoir.

« FALLAIT-IL donc briser un tel aiguillon ? »

Au retour d'un régime efficace pour l'ordre dans l'exécution des bâtimens,
du seul capable d'opérer une économie réelle et nullement fictive, comme
est celle tant chantée de nos jours, que l'on croit être le produit d'un régime faux, tant en vigueur; à ce retour heureux, ainsi que les architectes
mes *pairs,* nous obtiendrons une juste compensation de tous les maux que nous
souffrons depuis trop d'années; moi surtout qui parcours constamment le
sentier pénible de la vie (*via ardua, difficillima*), au milieu des plus
longues, des plus vives, des plus pénibles agitations de l'esprit : cependant,
je puis le dire :

*Dies mei sicut umbra declinaverunt, tristis est anima mea usque ad
mortem !*

Au reste : *Pulvis et umbra sumus.*

DONC,

QUAND le moment viendra d'aller trouver les morts, je serai consolé,
j'aurai vu ma patrie jouir enfin d'une paix générale; elle pourra dire :

Erepta sum de laqueo venantium, laqueus contritus est.

« AINSI, quand l'orage sera calmé, quand notre marche sera régulière,
» les arts de la paix, *les lettres, la peinture, la sculpture, l'Architecture* et
» tous ceux qui sont à leur suite, reviendront en honneur; les pensées les
» plus douces occuperont les esprits; ils aimeront à se reposer dans le
» doux commerce des muses. »

*La victoire éphémère des méchans est confondue; les opprimés se relèvent
de leur défaite.*

ET certainement, si la paix générale tant desirée ne s'établit point, les beaux arts, qui sont l'ornement et le besoin des sociétés civilisées (1), périront tous sans exception ; et la France, qui a produit des *maîtres* dans chacun d'eux, verra la barbarie, l'âge de fer y reprendre leur empire. Si donc, l'abandon, le mépris, devait être désormais le sort des beaux arts dans ma patrie ; bientôt, ô FRANCE ! jetée dans le plus grand deuil, tu n'offrirais plus que lambeaux.

Scisso mœrens velamine luctus.

_____

(1) Adresse de la Chambre des Pairs de France au Roi, 15 novembre 1817.

FIN.

.

www.ingramcontent.com/pod-product-compliance
Lightning Source LLC
Chambersburg PA
CBHW071803090426
42737CB00012B/1929